超级疯狂阅读系

探寻沧海桑田的
时代变革

崔钟雷　主编

知识出版社

前言

  从原始人第一次懂得了羞耻，穿上了树叶或是兽皮做成的简陋的衣服，到人类学会了使用石器和火。这便是人类社会发生的第一次飞跃，也是人类成长过程中经历的第一件大事。

  而那些整日为了生存而到处围猎的原始人肯定想不到，他们的后人竟能创造一个与他们的世界完全迥异的崭新的社会。他们不会想到，这个世界是广袤无垠的，在大海的那边也存在一片同样的土地，而那片土地上也生活着和他们一样的为了多打一些动物而到处奔波的人。而"建立国家"实行改革更是从未在他们脑海中出现过的词汇。他们无法想象，除了和动

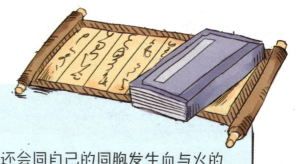

物发生流血冲突以外，人们还会同自己的同胞发生血与火的冲突，甚至要付出生命的代价。而全人类都参与进来的世界大战更是他们想破脑袋也想不出来的惨案。他们更不敢想象的是，N年之后，他们的后人竟然飞向了蓝天，站在地球之外，观赏地球的景色……

可这些原始人无法想象的事情就真实地发生在我们人类的历史进程中，正是这些大事改变了人类的生存状态，让我们不断地走向文明和进步。

翻开本书，在好看的漫画的协助下，我们能深刻地理解人类文明和前进的足迹，获得更深刻的感悟。

编　者

2014年6月

目录

古代历史

08 美洲大陆的名字是怎么来的

15 谁是第一个进行环球航行的人

21 亚述人是如何建立起一个鼎盛的奴隶制大国的

25 罗马内战如何掀开了罗马历史的新篇章

32 英国的封建制度是如何建立的

38 十字军东征如何为欧洲的文艺复兴开辟道路

近代历史

46 英国内战如何开启世界近代史

53 俄国农民战争是如何推动俄国进步的

58 法国是如何结束一千多年的封建专制制度的

64 北美殖民地是如何独立的

70 为什么说美国内战是美国历史上第二次资产阶级革命

76 为什么丘吉尔认为七年战争才是第一次世界大战

当代历史

84 俄国十月革命的伟大历史意义是什么

90 印度民族起义为什么会失败

97 为什么会爆发世界大战

104 德国为什么闪击波兰

110 为什么偷袭珍珠港决定了日本战败的命运

116 法西斯帝国灭亡的标志性事件是什么

124 世界上第一位宇航员是谁

超级疯狂阅读系列

古代历史

美洲大陆的名字是怎么来的

❓ 考考你：

你知道亚洲、欧洲和美洲的全称吗？

答案 ⌄

亚细亚洲、欧罗巴洲、亚美利加洲

美洲的全称是亚美利加洲，是人们为了纪念意大利航海家亚美利哥·维斯普奇而命名的。但是美洲是哥伦布首先发现的，那为什么会用亚美利哥的名字来命名呢？这就是一个很长的故事了。

疯狂的历史科普馆

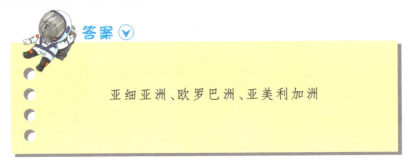

我是哥伦布，我发现了新大陆。

我是亚美利哥，我命名了新大陆。

这一篇我们有两位主人公。

克里斯托弗·哥伦布（1451—1506年），意大利著名航海家，地理大发现的先驱者。哥伦布虽然不是文艺复兴以来第一个从理性的角度提出西航到东方的人，但他是把西航设想付诸实践的第一个航海家、探险家。

< 8 >

亚美利哥·维斯普奇(1454-1512 年)，意大利的商人、航海家、探险家和旅行家。

哥伦布的人生转折

哥伦布少年时期没有受过什么正规教育，但是在葡萄牙的生活是他一生的转折，他在这里获得了远洋航行的技术和经验，学到了许多天文、地理、水文、气象知识，掌握了观测、计算、制图等学问。

坚信地圆学说

哥伦布相信地圆学说，所以他坚信，从欧洲向西航行就可以到达东方，到达天堂般的印度和中国。在西班牙国王的支持下，哥伦布先后四次出海远航，开辟了大西洋和美洲之间的航路。

< 9 >

疯狂的历史学家说

公元前6世纪，古希腊数学家毕达哥拉斯第一次提出"地球"这一概念。公元前3世纪，亚历山大的科学家埃拉托色尼用几何学方法确立了"地球"的概念。公元前2世纪，希腊地理学家托勒密论证了地球是一个球形。这些都是认识地球的重要成果，但只是一些数学推论和理论论证。直到1522年，葡萄牙探险家麦哲伦完成了人类历史上第一次环球航行，才向世界证明了地球是圆形的说法。

1492年8月3日，哥伦布受西班牙国王派遣，带着给印度君主和中国皇帝的国书，率领三艘百十来吨的帆船，从西班牙巴罗斯港扬帆出航，直向正西航去。经七十昼夜的艰苦航行，1492年10月12日凌晨，他们终于发现了陆地。哥伦布认为自己到达的地方是印度，并称当地人为印第安人。

考考你：
哥伦布是如何回应别人的讽刺的？

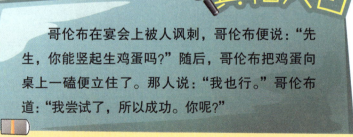

真相大白

哥伦布在宴会上被人讽刺，哥伦布便说："先生，你能竖起生鸡蛋吗？"随后，哥伦布把鸡蛋向桌上一磕便立住了。那人说："我也行。"哥伦布道："我尝试了，所以成功。你呢？"

< 10 >

哥伦布的遗憾

哥伦布的远航取得了丰富的成果，也震撼了世界。他确认了巴拿马地峡；发现了大西洋低纬度吹东风，较高纬度吹西风的风向变化；发现了磁偏差，并初步测量了磁偏角；最重要的是，他发现的航线促使欧洲的海外贸易路线由原来的地中海转移到大西洋沿岸，使得欧洲迅速崛起，成为海上霸主。

< 11 >

人们都以为哥伦布这次航行到达了亚洲，但他们却遗憾地发现，这里并没有出现想象中的亚洲财富和文明。

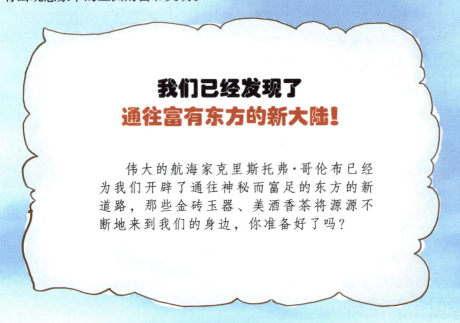

我们已经发现了
通往富有东方的新大陆！

伟大的航海家克里斯托弗·哥伦布已经为我们开辟了通往神秘而富足的东方的新道路，那些金砖玉器、美酒香茶将源源不断地来到我们的身边，你准备好了吗？

挑战哥伦布

意大利学者亚美利哥怀疑哥伦布究竟是不是真的到了印度。于是他就在1497年至1504年间，参加了去大西洋西岸的航行。考察回来后，他断言：

哥伦布发现的这块新陆地不是亚洲，而是一块人们从不知道的新大陆；而这块新大陆和亚洲之间，一定还有一个大洋。

< 12 >

? **考考你**：
哥伦布航行过程中有何惊险的历程？

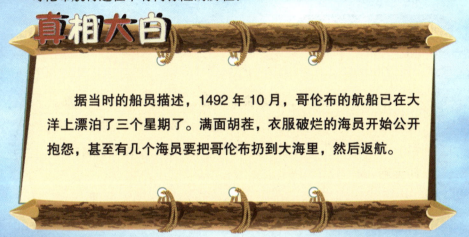

真相大白

据当时的船员描述，1492 年 10 月，哥伦布的航船已在大洋上漂泊了三个星期了。满面胡茬，衣服破烂的海员开始公开抱怨，甚至有几个海员要把哥伦布扔到大海里，然后返航。

随后，亚美利哥将这块大陆命名为亚美利加洲。1507 年，瓦尔泽缪斯在他绘制的世界地图上首次将南美地区标明为"亚美利加"。1538 年，墨卡托在他的世界地图中将整个美洲地区标明为"亚美利加地区"。16 世纪后期，越来越多的人接受了这一名称。

快去看看你的地球仪，亚美利加洲在哪儿？

< 13 >

？ 考考你：

哥伦布是如何应对灾难的？

真相大白

　　在哥伦布返航时，风暴突然来袭，几艘船瞬间沉入大海。看到这一切，哥伦布便对船长说道："我们可以消失，但资料一定要留下。"于是他把资料写在几张纸上，塞进玻璃瓶抛向大海。

　　实际上，前文中提到的两个人都不是真正意义上的美洲大陆的最早发现者。据我们所知，美洲原住居民印第安人早在四万年前就已经到达美洲大陆了。后来，10世纪至14世纪的时候，美洲大陆上又来了一批新的客人，他们就是来自于欧洲的斯堪的纳维亚人。不过，他们这些活动与我们现在意义上的地理大发现是有区别的，所以，我们还是赞同哥伦布是美洲大陆发现者的传统观点。

< 14 >

你知道吗，人们过去一直认为地球是方的，天空是圆的，像一只大碗扣在了地面上；还有人认为我们的陆地是被一只很大的海龟驮着的，大海龟一动，就发生了地震。那么，你知道这个神话是由谁打破的吗？

好沉啊！

考考你：
谁是第一个拥抱地球的人？

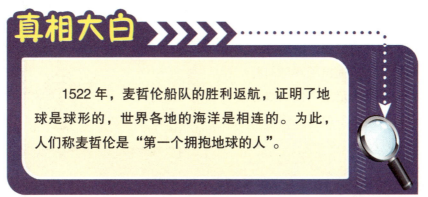

真相大白 >>>>>

　　1522 年，麦哲伦船队的胜利返航，证明了地球是球形的，世界各地的海洋是相连的。为此，人们称麦哲伦是"第一个拥抱地球的人"。

< 15 >

疯狂的历史科普馆

费迪南德·麦哲伦(1480—1521年)，葡萄牙著名航海家和探险家。在1519年的探险中，他率领船队从西班牙出发，绕过南美洲，南端和火地岛等岛屿之间的海峡（后来被命名为麦哲伦海峡），横渡太平洋，完成第一次环球航行。

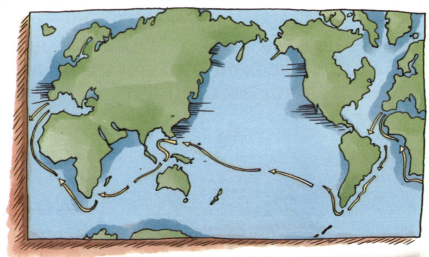

又一个地圆学说的坚信者

麦哲伦出生于一个没落的骑士家庭，16岁就进入国家航海事务厅，他始终坚信地球是圆的。为了验证自己的想法，他在1517年向葡萄牙国王提出了环球航行计划，但是被否定了。而西班牙国王为了获得更多财富，决定大力支持麦哲伦的计划。

招募水手

如果你热爱探险，如果你想获得巨额财富，那就加入我们吧！

麦哲伦

< 16 >

1519 年 9 月 20 日，麦哲伦率领 5 条船和 270 名水手出发了。

发现新海峡

1519 年 11 月 19 日，探险船队利用东北季风和赤道洋流，沿非洲西海岸南下。当船队行驶到佛得角群岛时，转向西行，横渡大西洋，到达南美洲巴西海岸。随后，麦哲伦探险船队沿着南美洲海岸南下，1520 年 3 月 31 日，麦哲伦发现了"圣胡利安"港。

看完才知道

季风是指因为大陆和海洋在一年之中增热和冷却程度不同，在大陆和海洋之间大范围的、风向随季节有规律改变的风。

< 17 >

1520 年 10 月 21 日，探险船队沿着南美洲海岸向南航行，发现了一条通往太平洋的海峡。"好望角"在非洲西南端另"好望角"非麦哲伦命名而与他方向相反进行航行探路的"圣安东尼奥"号却走进了死胡同，后来自己只好返回了西班牙。

于是，剩下的三艘风帆船，继续在海上孤独地航行，终于在 1520 年 11 月 28 日，进入一片浩瀚的海洋——太平洋。后人为纪念麦哲伦，把那条连接太平洋和大西洋的海峡称为"麦哲伦海峡"。

考考你：

你知道世界上有哪七大著名海峡吗？

真相大白

世界上七大著名海峡：直布罗陀海峡、麦哲伦海峡、土耳其海峡、德雷克海峡、英吉利海峡、霍尔木兹海峡、马六甲海峡。

< 18 >

菲律宾的由来

1521 年 3 月，麦哲伦船队到了一个小岛，麦哲伦表示愿意与岛上的部落交好，但是他们要向西班牙国王臣服，好处是西班牙可以向他们提供军事援助。为了使首领信服，麦哲伦进行了一次军事演习。首领被西班牙的军事装备震撼了，接受了这个建议，麦哲伦随后用西班牙国王菲利普二世的名字来命名这里。你猜到了吗？这就是菲律宾名字的由来。

客死他乡

为了在整个菲律宾群岛推行西班牙的殖民统治，麦哲伦想要把群岛上的部落统一。在一次战争中，一支毒箭射中了麦哲伦，伟大的航海探险家最终竟客死他乡。

叫你多管闲事！

< 19 >

虽然麦哲伦意外身亡了，但是其他船员却没有放弃。1521年11月8日，他们在马鲁古群岛的蒂多雷小岛上的一个香料市场抛锚停泊。在那里，他们以廉价的物品换取了大批亚洲特有的香料，丁香、豆蔻、肉桂等堆满了船仓，准备返航。

1522年9月6日，"维多利亚"号抵达西班牙塞维利亚港。

这次探险，麦哲伦船队只剩下"维多利亚"号和18名船员，他们一个个落魄极了，幸亏他们带回来大量昂贵的香料，不仅弥补了探险队的开支，而且还赚了一大笔钱。

麦哲伦船队的胜利返航，证明了地球是圆的，世界各地的海洋是相连的，为此，人们称麦哲伦是"第一个拥抱地球的人"。

考考你：
你知道国际日期变更线吗？

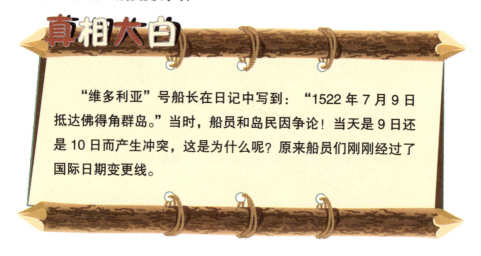

真相大白

"维多利亚"号船长在日记中写到："1522年7月9日抵达佛得角群岛。"当时，船员和岛民因争论！当天是9日还是10日而产生冲突，这是为什么呢？原来船员们刚刚经过了国际日期变更线。

< 20 >

亚述人是如何建立起一个鼎盛的奴隶制大国的

公元前 744 年，亚述王特皮拉萨三世即位后，开始改革军事，建立常备军，然后频繁地对外扩张，目的就是要征服诸邻国，历史上著名的亚述战争开始了……

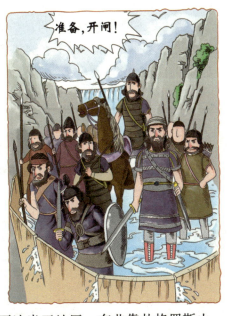

准备，开闸！

疯狂的背景档案

名称：亚述战争

时间：公元前 744 年

一方水土一方人

古老的亚述位于今伊拉克境内的美索不达米亚地区，东北靠扎格罗斯山，东南以小扎布河为界，西临叙利亚草原，是古代西亚交通贸易中心。最为重要

? 考考你：

你知道亚述战车什么样吗？

真相大白

亚述战车用木料制成，车门在后面，这与埃及、中国和希腊的战车一样。车门实际是一个大盾牌。盾牌被挂在车厢出入口上，可开可闭，又可起护卫作用，可谓一举两用。

的是，亚述的周围被异族重重包围，所以他们经常受到其他民族的威胁，这便成就了亚述人好战的性格。公元前8世纪至前7世纪，亚述是阿拉伯的强大帝国，曾发动了一系列扩张性战争，并且，他们把这些战争看作是"神"的旨意，是"神圣"的事业。

亚述人的恐怖主义

亚述君王阿述纳西帕二世的碑刻铭文上记载着："我用敌人的尸体堆满了山谷，直达顶峰；我砍去他们的头颅，用来装饰城墙……我把人用木桩钉在墙上，并且斩首。"

实力决定一切

亚述人为什么能够在一系列的对外战争中取得胜利呢？其实说一千道一万都跟他们的军事组织和先进的技术有关。那么，亚述人有什么先进的技术呢？我们来看一看。他们使用的撞城车，车头上装有巨大金属撞角，车体设有保护层，车内配有操纵人员。这样既能够有效地进攻敌人，又能够很好地保护自己。

这就是实力！

< 22 >

战争刻度表

公元前 744 年—— 亚述王进军东北，征服了乌拉尔图的同盟者米底各部落。

公元前 743 年—— 西征乌拉尔图的北叙利亚各同盟国获胜，俘敌 7 万余人。

公元前 742 年—— 亚述军西征叙利亚，围攻阿尔帕德城，历时 3 年最终取胜。

公元前 739 年—— 亚述与阿拉伯等 19 国会战，大获全胜，各国降服。

公元前 732 年—— 亚述军攻下反叛的大马士革，在此设置亚述行省。

公元前 714 年—— 亚述攻占乌拉尔图宗教中心穆萨西尔，掠获大批金银财宝。

公元前 688 年—— 亚述军攻陷并摧毁巴比伦城，俘获迦勒底王。

公元前 663 年—— 亚述挥师南下，一度攻陷底比斯。

公元前 648 年—— 亚述攻陷巴比伦城，降服了阿拉伯。

公元前 642 年—— 亚述对埃兰发起强大攻势，蹂躏埃兰各地。

公元前 614 年—— 米底军队攻陷千年古都亚述城。

公元前 612 年—— 迦勒底和米底联军又攻陷帝国首都尼尼微，亚述帝国灭亡。

< 23 >

亚述战争的深远影响

在历史长河中，亚述战争只是一朵小水花，但是这朵小水花产生的影响却是相当长远的、强烈的。它到底有哪些影响呢？

首先，它让尚武精神得到了广泛的传播，并且深刻地烙在了中东人的意识之中。在后来中东的广大地区，他们把战神当作最好的神。

其次，那些流传至今的艺术品和文学作品很多都是反映当时的战争内容的。

再次，战争所带来的巨大利益，深深地刺激了后来的国家，很多国家开始效仿。

最后，强化战争机器，成为后来许多国家谋求强大的基本国政。中东很多国家开始研制先进的武器装备和组织，为的就是通过一系列的战争，夺取霸权。

？ 考考你：

你知道亚述的投石器是什么样子吗？

真相大白

亚述人发明的投石器是靠机械力量推动的。投石器上有用牛筋制成的绳索，并利用高大的木质机械用力绞紧，而后骤然放开，投出的巨大石块便会倾注到敌城上打击敌人，破坏城堡。

< 24 >

罗马内战 如何掀开了罗马历史的新篇章

公元前 88 年，罗马奴隶制国家内部为争夺政权和建立军事独裁爆发了一场战争，经过半个多世纪的争夺，屋大维最终获胜并开创了朱里亚·克劳狄王朝，当上了罗马帝国的第一个皇帝，这也标志着罗马共和制解体和罗马帝制全面建立。

疯狂的背景档案

战争名称：罗马内战

持续时间：公元前 88—前 31 年

危机重重

公元前 146 年，罗马进入晚期共和国时期。这一时期的罗马可以说是危机四伏，社会矛盾和阶级矛盾极其尖锐和复杂。其实，当时的罗马共和制统治已经过时，帝制的建立是适应奴隶制发展的必然要求。但因为罗马共和国当时已为元老贵族盘踞垄断，所以改革是很艰难的。

虽然我们很老了，可我们是贵族。

看完才知道

必有勇夫

就算是在高压统治之下，还是有不怕死的人。格拉古兄弟在公元前 133 至前 121 年发动了民主改革，不过最后却遭到元老贵族的猛烈攻击，失败后又遭到反动贵族的疯狂屠杀。虽然这次改革失败了，却揭开了罗马内战的序幕。

奠定帝国的根基

罗马内战中，凯撒听了安东尼汇报后，不顾只有一个军团留在身边的险境，毅然出击，于公元前 49 年 1 月率军越过意大利和高卢诸省的交界线卢比孔河，以迅雷不及掩耳之势直扑罗马。庞培对凯撒跨越卢比孔河的闪电行动毫无戒备。凯撒进军势如破竹，庞培和元老贵族措手不及、无力抵抗，仓皇逃往希腊。

< 26 >

? **考考你**：

庞培是怎么死的？

真相大白

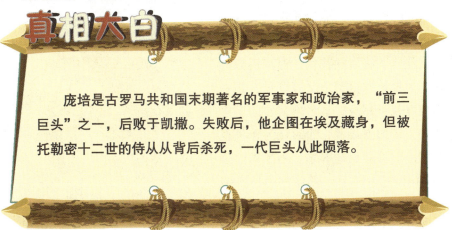

庞培是古罗马共和国末期著名的军事家和政治家，"前三巨头"之一，后败于凯撒。失败后，他企图在埃及藏身，但被托勒密十二世的侍从从背后杀死，一代巨头从此陨落。

公元前 49 年 11 月，凯撒率领 7 个军团出其不意地在希腊登陆，开始东征。凯撒和庞培的军队在公元前 48 年 8 月进行了一场决战，最后凯撒以伏兵突然猛击庞培的精锐骑兵，庞培督师不力，一败涂地。后来，凯撒依次卷入了埃及内讧、小亚的米特拉达蒂之子叛乱等战争。只要凯撒一到，必然取得战争的胜利，因此他在历史上留下了那句著名的"我来到了，我看见了，我胜利了"的名言。

公元前 46 年，凯撒再次在非洲登陆，并在塔普苏斯城附近击溃贵族派军队。接着他又挥师西班牙，击败庞培两个儿子的部队，最后取得了内战的绝对胜利。

< 27 >

内战的胜利，凯撒居功至伟。战争一结束，凯撒就建立了个人的军事独裁政权。他成了终身独裁官，而且还拥有统帅、大教长和祖国之父等尊号，集一切大权尊荣于一身，是名副其实的军事独裁者。作为独裁者，凯撒行为作风也很专横，不可避免地得罪了不少人。公元前44年3月15日，凯撒的一位亲信竟然在元老院会议厅里向凯撒连刺23剑，他就这样死在了他亲信的剑下。

< 28 >

考考你：
"罗马三巨头"指的是哪三个人？

罗马三巨头是对罗马三位历史人物的统称，可分为罗马前三巨头（凯撒、庞培、克拉苏）和罗马后三巨头（安东尼、屋大维、雷必达）。

"自古英雄出少年"

凯撒死后，一位年仅18岁的青年、凯撒的养子屋大维步入罗马政坛。这似乎给了以"罗马散文泰斗"西塞罗为首的元老院以可乘之机。不过他们看错了屋大维。屋大维胆略兼备，他积极收揽人才，扩充实力，拉拢民众，最后居然自立门户。

公元前42年，安东尼和屋大维进军希腊，在腓力庇展开决战，最后将布鲁图斯打败，共和派从此永远退出了罗马政坛。

公元前32年，安东尼和屋大维因为争权夺利发生了决裂。

公元前30年夏，屋大维进军埃及，包围亚历山大里亚，安东尼伏剑自刎。

公元前27年，屋大维获得元老院赠予的"奥古斯都"尊号。从此，罗马帝国诞生，罗马内战结束。

条条大路通罗马

屋大维统治时期，罗马政局稳定，经济、文化都有了比较大的发展，被称为"罗马的和平"。四通八达的道路把罗马大帝国的各个部分联结为一个整体，罗马是罗马帝国的中心。"条条大路通罗马"一词也因此流传下来。

< 29 >

关于罗马内战胜利的总结

罗马内战持续了将近半个世纪，最后我们取得了胜利。不过这种胜利的取得不是偶然的，而是必然的。经过回忆，我总结出两点胜利的经验，以供以后战争借鉴和学习。

第一，我们的军队在人员和技术上占有一定的优势，这主要取决于我们发达的奴隶制国家的优势，所以我们的军队素质好，经验丰富；而我们的对手高卢各部族当时处于原始社会末期，他们以游牧为主，经济落后，军队的素质和装备也非常落后。从某种程度上来说，这次胜利是先进社会制度对落后社会制度的胜利。

第二，这次胜利跟我们的统帅恺撒的英明领导和决策是分不开的。他智勇双全，在军事上，他善于周密侦察敌情和地形，不囿于单一的战法，而是采用灵活多样的作战方式，一旦确立目标就会当机立断。

< 30 >

疯狂的历史学家说

谁说一叶障目，我就是站得高看得全。

罗马内战对于推动军事学术的发展起了很大的作用。特别是尤利乌斯·凯撒将罗马军事艺术推向巅峰。他和他的继承者屋大维都具有敏锐的政治头脑，能从全局把握军事问题，实现了政治目标同军事手段的完美结合，这是具有开创性的军事思想。

考考你：
凯撒的战术是怎样的？

真相大白

凯撒在打仗的时候非常狡猾，总是利用各种方法巧妙地分割敌军，然后各个击破。他绝不会傻傻地与敌军正面交战，他很有智慧，喜欢藏起一部分士兵做替补，果真是让人防不胜防啊！

< 31 >

英国的封建制度是如何建立的

1066 年，英国历史上发生了一件开天辟地的大事——诺曼征服战争，为什么说它是大事呢？那是因为这次战争既是诺曼人对外扩张的继续，又是西欧同英国之间的又一次社会大融合，对英国历史的发展产生了深远的影响。

疯狂的背景档案

名称：诺曼征服战争

时间：1066 年

英格兰的来历

盎格鲁人和撒克逊人原是欧洲大陆上日耳曼部落的一部分。公元 5 世纪中叶，盎格鲁、撒克逊入侵不列颠，形成许多小国，后来，这些小国相互兼并和侵吞，形成七个较大的王国。从公元 9 世纪起，不列颠西南部的西撒克斯国王爱格伯特，统一七国，取名为英格兰。

< 32 >

🔍 电影观后感

　　星期三，班上组织集体看电影《诺曼征服战争》，同学们看的时候很开心，不过等到看完之后，当老师布置作业说："每个人写一篇今天电影的观后感。"大家一下就沮丧了。不过沮丧归沮丧，最后还是要完成作业，我们来看看陈昊同学的观后感吧。

《诺曼征服战争》观后感

　　今天老师带领我们去看电影《诺曼征服战争》，这部电影简直精彩极了，我就喜欢看战争片。

　　在很久很久以前（公元8世纪以后），诺曼人开始到处征战，他们先后入侵了英国、法国、爱尔兰。10世纪初，他们在法国的领土上建立了一个叫作诺曼底公国的国家。

　　1043年，爱德华王子成为英格兰国王，他当上国王之后承诺只要是诺曼人，都可以分配到重要的

< 33 >

职位，这让那些英国人心里很不开心。这个时候出现了一个叫威廉的诺曼底公爵，他一直想要当英国国王。1066年1月，爱德华国王去世，他原本以为这是个最好的机会，但爱德华国王却在快要死的时候将王位传给了哈罗德，这对威廉来说无疑是晴天霹雳，最后他决定以武力夺取王位。

1066年8月初，威廉准备基本就绪，军队在第费斯河口集结待命，哈罗德得知这一消息后立即飞马赶回伦敦。10月13日，双方在黑斯廷斯展开决战。威廉夺取王位战争中决定性的一战就这样开始了。

14日上午9时，号角齐鸣，战斗开始。诺曼人排成一线，沿山坡向山顶推进。当两军接近时，诺曼弓箭手开始射箭，英格兰人凭借盾牌护身，用长矛、标枪、战斧向敌人发起冲击。

英格兰人居高临下，锐利的兵器严重打击了诺曼人，就在诺曼人将要后退的时候，威廉马上恢复镇静，跃上战马，大声高呼：

"请大家都看着我，我还活着！上帝会保佑我们胜利的！"诺曼人一看自己的统帅还这么有信心，于是停止后退，重整旗鼓。在威廉的指挥下，骑兵冲锋在前，步兵随后，向英军发起第二次进攻，不过并没有取得成功。随后，威廉改变战术，假装打败，将敌人引出坚固有利的阵地，然后居高临下予以痛击，诺曼人伤亡无数，最后，哈罗德也中箭身亡，威廉取得战争的胜利。

< 34 >

伦敦投降代表向威廉表示屈服，并奉他为国王。1066 年圣诞节，威廉在威斯敏斯教堂被加冕为英国国王。

考考你：

威廉一世的祖先是海盗吗?

真相大白

你知道吗? 其实英国国王威廉一世的祖先诺曼人是维京人的一个分支。也许，这是因为威廉有着富于海盗气息的性格和旺盛的精力，那种海盗纵横四海的豪气仿佛重新出现了。

威廉 PK 哈罗德

威廉	哈罗德
a.周密的战争计划	a.忽视有利的外部环境
b.适时调整战术	b.处理突发事件不能随机应变
c.使用计谋,出奇制胜	c.没能广泛动员民兵
d.临危不乱,果断指挥	d.英勇果敢有余,计谋不足

< 35 >

根据以上表格，对战争的胜负做出预测：

A.威廉胜

B.哈罗德胜

C.说不清楚

答案 ⌄

查看结果：

选 A 的 99.9999999%

选 B 的：0.000000001%

选 C 的：0.000000099%

考考你：

承诺也能引发战争吗？

传说，威廉曾获得英王爱德华传位于他的承诺，但最终没有实现。这是一个开启战争的绝好借口，不是吗？结果，威廉如愿打败了敌人成了英国国王，被人们称为"征服者"。

< 36 >

疯狂的历史学家说

对于英国农民来说，即使发生了诺曼征服战争，他们的处境依然困苦。1086 年，当局恢复征收丹麦金，这对农民来说是一项沉重的负担。12 世纪中叶的封建社会混乱，教会征收什一税，扩及收成以外的其他产品如牲畜、羊毛，等等，农奴所承担的义务不断加重。到 13 世纪时，农奴使用公有牧、温和草地的权利也被剥夺。农民不得不多次抗租、抗役，利用残存的村社组织和领主进行隐蔽或公开的斗争。

考考你：

诺曼征服战争的意义是什么？

真相大白

诺曼征服战争是先进社会集团对落后社会集团的战争。威廉的胜利把西欧大陆的封建制度移植到英国，使英国的经济、文化、军事等方面得以改变，并加强了与西欧大陆的联系。

< 37 >

十字军东征如何为欧洲的文艺复兴开辟道路

1096—1291 年，西欧的天主教会、世俗封建主和意大利富商对地中海东岸国家进行了一系列的战争，这些军队身上都缀有十字标记，故称十字军。他们一共进行了八次东征，统称为十字军东征。

疯狂的背景档案

名称：十字军东征

时间：1096—1291 年

< 38 >

"各怀鬼胎"

大、小封建主：

11 世纪的西欧，商品货币经济迅猛发展，东方的商品开始输入到那里，原本的封建领地因为人口的增长被分割成了很多块，已经远远不能满足封建主日益增长的需求和享受欲望。那些失去领地继承权的贵族子弟，为了维持自己的享乐生活，成为了冒险一族，开始以比较富庶的东方作为掠夺土地和财富的对象，这是十字军东征的主要原因。

我们要走得更远！

教俗封建主：

那个时期的西欧，封建主对农奴份地减削，使得他们负担加重，生活困苦，加上天灾的原因，社会动荡不安。为了转移农民的视线，教俗封建主想出了一个诡计：让农民向东方寻求出路，这是十字军东征的又一因素。

你们快点儿离开！

< 39 >

经营东方商品的商人：

在意大利威尼斯、热那亚、比萨等城市的商业活动中，经营东方商品的中介贸易逐渐占据重要地位。不过，他们的命运掌握在供货商阿拉伯和拜占庭商人手中，如果他们通过十字军东征，能在地中海东部建立商业据点，那样他们就能够夺取商业控制权了。

< 40 >

天主教皇:

那个时候的西欧,天主教会权势越来越大,罗马教廷正在发展成为一种超国家的政治权力。如通过发动十字军东侵,天主教会势力将扩张到东方伊斯兰教国家和东正教的拜占庭帝国,会加强教皇的权力和地位,这正是他们想要的。

这里就是我们的目标,出发!

十字军东征不是一次就完成的

一堂历史课

今天我们这节课主要讲解十字军东征,十字军东征持续时间很长,可不是一次就完成的。

我们先来看看第一次十字军东征,这次十字军东征发生在1096—1099年间,当时,拜占庭帝国因为无力抵御突厥人进攻,就向罗马教皇和西欧君主乞援,号召西欧基督徒进行圣战。就这样,1097年第一次十字军东征开始了。虽然说是十字军,但他们无装备、无给养,沿途损失不少兵力。十字军经过两年的战争,占领了地中海东部的狭长地带。1099年7月15日,十字军攻占耶路撒冷时大肆掠夺屠杀。在劫后的土地上,建立了以西欧封建制为模式的耶路撒冷王国。

　　1147 年，第二次十字军东征开始了，这次有法国国王路易七世和德意志皇帝康拉德三世参加。不过，两国联军于 1148 年 7 月 28 日在大马士革被赞吉之子和其继承者努尔丁击溃，以失败告终。

　　12 世纪晚期，苏丹萨拉丁建立包括埃及、部分叙利亚和美索不达米亚等广大领土在内的国家。十字军骑士袭击穆斯林商队，对萨拉丁发动圣战，并且在 1187 年占领了耶路撒冷。西欧为之震动，于是组织规模较大的第三次十字军东征。这次东征，西欧主要国家的君主都参加了。最后，英、法两国君主却因为领地争执，矛盾重重，明争暗斗。

?　考考你：

最后一次十字军东征谁获胜了？

真相大白

　　1390 年，奥斯曼土耳其进攻拜占庭。拜占庭皇帝向教皇求援，教皇博尼法斯九世组织了最后一次十字军远征。1396 年 9 月 28 日，最后一支十字军队伍在尼科堡战役中被土耳其军队打败。

< 42 >

后来又相继发生了 5 次十字军东征，不过这几次东征的历史意义无法与第一次十字军东征相比，所以大多数人都不太了解。

考考你：

中世纪时教皇有什么特权？

真相大白 ▸▸▸▸▸

教皇可以任免世俗君主，可以无休止地征税，也可以发动战争。一个人从出生到死亡都要请神父，凡事都要按神父的指引去做。

< 43 >

深刻的影响

哲学上说"凡事都有两面性",十字军东征也不例外。

积极影响

十字军东征对西欧社会的发展起了促进作用,因为东西方之间的商业活动日渐频繁,促进了造船技术的发展。当时的西欧生产水平比较低,他们在贸易中学到了东方的先进技术。这种东西方之间的接触为欧洲的文艺复兴开辟了道路。

消极影响

十字军东征给西亚、埃及和拜占庭人民带来了灾难,使得这一地区经济发展严重滞后,特别是他们征收的十字军税和其他杂税,更加重了人民的负担。

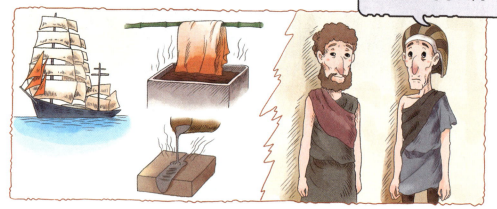

考考你:

教皇是如何做战争动员的?

真相大白

教皇乌尔班二世在远征前开始了战前动员:"疯狂的野蛮人蹂躏上帝在东方的教堂,甚至——说起来令人羞耻——奴役基督的圣地耶路撒冷。"煽动效果不错,信徒们纷纷加入远征军。

< 44 >

英国内战 如何 开启世界近代史

英国历史发展到 17 世纪中叶的时候，英国先进的资本主义生产力与旧的封建主义生产关系发生了尖锐矛盾。反对派占多数的国会要求废除推行专制制度的主要工具，废黜国王；不过，封建贵族对于要剥夺他们权利和特权的行为非常不满，于是，他们在 1642 年 8 月 22 日向国会宣战，他们这次宣战竟开启了一段新的世界历史。

疯狂的背景档案

战争名称：英国资产阶级革命

时间：1642—1651 年

战争领导人：克伦威尔

结果：开启了世界近代史

< 46 >

圈地运动

　　早在 13 世纪的时候，在商品经济发达的英国东南部地区就出现了圈地运动。圈地运动是怎样开始的呢？随着羊毛贸易的发展，羊毛价格上涨，那些新兴的资产阶级和新贵族通过暴力把农民从土地上赶走，把强占的土地圈占起来养羊。

清教运动

　　从 16 世纪后半期开始，一些"不奉从国教者"提出了清除国教中天主教残余的运动，其主张被称为"清教"，这些人被称为"清教徒"。清教徒提出了不同于英国国教的新的教义、仪式和组织原则，他们的本意就是挣脱封建统治的精神枷锁。这样一来，清教徒必然遭到封建统治者的迫害。

< 47 >

关闭议会

斯图亚特王朝詹姆斯一世和查理一世统治时期，国王提倡"王权神授说"，目的就是千方百计搜刮民财，这引起了社会各阶层人民的不满。慢慢地，议会中那些代表资产阶级和新贵族利益的人形成了反对派。议会在1628年通过了限制王权的《权利请愿书》，重申未经议会批准不得任意征税，查理一世为了得到议会的拨款，勉强批准了《权利请愿书》。不过，后来当议会号召抗税不交时，查理一世就在1629年将议会解散了。此后11年间，议会一直未再召开。

苏格兰起义

议会解散后，查理一世对清教徒的迫害变本加厉，英国人民的不满情绪与日俱增。

< 48 >

1637 年，查理一世下令：苏格兰采用稍加修改的英国国教祈祷书和英国国教祈祷仪式。这道命令让苏格兰人非常愤怒。1639 年，苏格兰人起义，查理一世为筹措军费，在 1640 年 4 月召开了议会。他的目的是要增加税收，不过议会不仅不答应，反而提出了权利问题。查理一世一气之下在 5 月初又将议会解散了。这届议会存在不到一个月，史称"短期议会"。

反复的内战过程

"一切反动势力都是不甘心于自动退出历史舞台的"

谁是反动势力：

当然是封建贵族、英国国教上层修道士以及部分同国王有密切联系的大资产阶级和官僚了，因为随着英国资本主义的发展，他们已经远远不能适应生产力的发展了。

❓ **考考你**：

为什么国王查理一世会被推上断头台?

真相大白

因为查理一世违背了英国自古以来就形成的政治传统，他践踏了法律和议会，他侵犯了民众的利益，所以民众会依靠法律，支持议会，奋起反抗，并最终将国王推上了断头台。

❓ **考考你**：

清教徒有什么样的信仰？

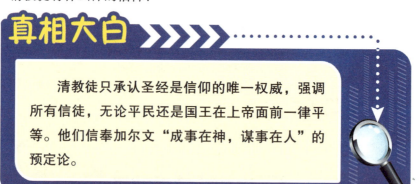

真相大白 ⟫⟫⟫⟫⟫

清教徒只承认圣经是信仰的唯一权威，强调所有信徒，无论平民还是国王在上帝面前一律平等。他们信奉加尔文"成事在神，谋事在人"的预定论。

反动势力如何不甘心自动退出：

第一次国内战争

1642 年 8 月 22 日，查理一世开始在诺丁汉宣布讨伐议会的叛乱分子，第一次内战就此爆发。内战的一方为查理一世，另一方为议会。

10 月 22 日，议会军的先头部队与王军爆发了激烈的战争，议会军被国王军队强烈反击，最后只得落荒而逃。国王军利用议会军西撤之机，集结部队，悄悄向伦敦进发，首都告急。危急时刻，伦敦的手工业者、学徒和城市平民组成的民兵队伍火速开往前线支援，伦敦危险解除。

1644 年 7 月 16 日，议会军占领了约克城，扭转了失利的局面，掌握了战略主动权。

1645 年 9 月，议会军收复了布里斯托尔。1646 年上半年，盘踞在 50 个要塞的国王军队先后向议会军投降。1646 年 6 月 24 日，议会军攻占了国王军的大本营牛津。1647 年 3 月 16 日，议会军攻占了国王军在威尔士的最后一个据点——哈莱克城堡。至此，第一次内战以议会获胜而告终。

第二次国内战争

第一次内战结束后，革命阵营开始了分裂：一派是长老派，另一派是独立派。

革命阵营内部分裂，最高兴的莫过于国王和保王党人了。1647 年 11 月 11 日，查理一世从纽马克特逃往南方的怀特岛。他到这里的目的一方面是跟长老派谈判，另一方面是同苏格兰人秘密谈判，并缔结了密约。与此同时，他还加紧煽动各地王党叛乱，以挑起新的战争。

大敌当前，革命阵营各党派又开始重新团结起来。他们一起将国王的军队和苏格兰的军队打败了，最后查理一世被交付法庭审判。第二次内战以议会胜利而结束。

王朝复辟

1658 年 9 月，克伦威尔去世。高级军官和议会为争夺权力展开了斗争，国内政局动荡。这个时候，驻扎在苏格兰的蒙克将军率军回到伦敦，并且跟逃亡法国的查理·斯图亚特协议复辟。1660 年 5 月查理回到伦敦登位，也就是历史上的查理二世，就这样，斯图亚特王朝复辟了。

将来我还是皇帝！

< **51** >

疯狂的历史学家说

英国内战开启了世界近代史，它是如何开启的呢？我们来看看。

推翻了——封建专制的君主制。

打击了——封建腐朽势力。

确立了——新贵族和资产阶级的统治地位。

开辟了——资本主义政治、经济制度建立的道路。

反映了——当时整个世界的要求。

影响了——欧洲和其他地区。

开创了——资产阶级革命的新时代。

英国内战

开启了世界近代史

< 52 >

俄国农民战争是如何推动俄国进步的

这里就是雅伊克镇，我们就要进攻这里！

1773 年 9 月 17 日，普加乔夫率领一支 80 人的哥萨克队伍，从托尔卡切夫村出发去攻打雅伊克镇，揭开了俄国农民战争的序幕。这次战争席卷了俄国东南六十余万平方千米的广阔地域，其规模之大、参加人数之多、反沙俄统治旗帜之鲜明，是俄国历次农民战争所无法比拟的。

疯狂的背景档案

战争名称：俄国农民战争

时间：1773 年 9 月 17 日

< 53 >

矛盾激化

一条必然的逻辑链条

❓ **考考你**：

18世纪后半期的俄国是一个什么样的状况呢？

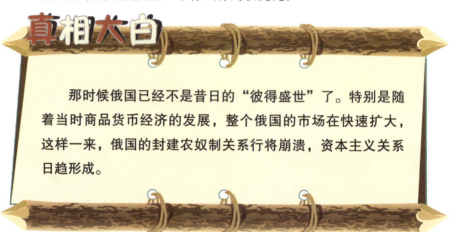

那时候俄国已经不是昔日的"彼得盛世"了。特别是随着当时商品货币经济的发展，整个俄国的市场在快速扩大，这样一来，俄国的封建农奴制关系行将崩溃，资本主义关系日趋形成。

必将导致

俄国的贵族和专制国家的利益会受到损害，他们就会不断加强对农奴的压迫，地主阶级也加剧了对农民的剥削统治，除此之外，连绵不断的战争加重了劳动人民的负担。

必将导致

受到严酷压迫的广大劳苦大众对贵族和封建国家强烈不满，他们不仅仅将这种不满表现为情绪，并且开始了起义，推翻封建统治的势头已经越来越明显了了。

< 54 >

一场难以结束的"打地鼠"游戏

战争三步走

第一步

时间：1773 年 9 月－1774 年 4 月　　人数：5 万人

1773 年 9 月 17 日，普加乔夫假冒"彼得三世"发布第一个诏书，宣布雅伊克哥萨克人、鞑靼人和加尔梅克人获得了自由。一场起义就这样爆发了。

9 月 18 日，起义军抵近雅伊克镇，直逼奥伦堡。起义军受到了人们的拥护，到 1774 年，人数发展到了 5 万人。1773 年 10 月 5 日，起义军开始了持续约 6 个月之久的奥伦堡围攻战。但是政府军拥有优势兵力，结果起义军节节败退，第一阶段以起义军的失败而告终。

第二步

时间：1774 年 4 月－1774 年 7 月　　人数：5000 人

1774 年 4 月，普加乔夫招募新军，重整旗鼓再战。而后，起义军先后攻占了马格尼特要塞、特罗伊茨克要塞。5 月 21 日，起义军主力在特罗伊茨克要塞被击败，被迫撤到乌拉尔草原地区。

6 月中旬，起义军前进到伏尔加河，占领了克拉斯诺乌菲姆斯克日，攻占喀山外城，但设防坚固的内城久攻不下，沙皇政府及时派援兵接应，于 7 月 15 日击溃起义军。

第三步

时间：1774 年 7 月－1775 年 1 月　　人数：200 人

1774 年 7 月 10 日，叶卡特琳娜二世结束了俄土战争，开始镇压农民起义。

8 月 25 日，普加乔夫的主力军遭到致命的攻击，起义军阵亡 2 000 人，被俘 6 000 人，许多重要将领被俘。普加乔夫带领一支 200 雅伊克哥萨克人的队伍退到伏尔加河左岸草原，途中，雅伊克哥萨克首领背叛普加乔夫。普加乔夫被他们押解给政府军并送往莫斯科。1775 年 1 月 10 日，普加乔夫等人在莫斯科被处死。普加乔夫领导的农民战争以失败而告终。

< 56 >

不可磨灭的战争意义

俄国农民战争震撼了沙俄的封建农奴制统治，加速了封建农奴制的崩溃，发展了俄国先进的社会政治思想和革命的世界观，并且促使人民获得了革命斗争的经验。

俄国进步

震撼了沙俄的封建农奴制统治，加速了封建农奴制的崩溃。

人民获得了进行革命斗争的经验。

发展了俄国先进的社会政治思想和革命的世界观。

被压迫的人民群众表现出非凡的英勇气概和果敢精神。

< 57 >

法国是如何结束一千多年的封建专制制度的

1789 年,法国爆发了资产阶级革命, 就是这次革命让统治法国数个世纪的君主封建制度在三年内土崩瓦解, 旧观念逐渐被全新的天赋人权、三权分立等民主思想所取代……

< 58 >

疯狂的背景档案

　　18 世纪的法国，通货膨胀日益严重，社会购买力下降，而国内的谷物税收依然持续，这造成了商品滞销以及失业率居高不下。就在社会动荡不安的时候，老天又十分"眷顾"法国，时隔三年，它给法国送来了一场旱灾，到冬天又给法国降下了一场雪灾。这一年法国的面包价格大涨，因为土地基本没有收成，农民已经被逼到了绝境，战争一触即发。

老板，现在收不上东西了，穷人都没饭吃了。

为什么不吃树叶呢？

< 59 >

攻占巴士底监狱

　　18世纪后期，国王和他的大臣们看国库亏空，就用尽一切办法搜刮钱财，引起了下层人民的不满。1789年，国王召集已经停止了175年的"三级会议"来筹款，但没有得到三级会议的同意，国王路易十六非常愤怒，偷偷把效忠王朝的军队调回巴黎，准备逮捕第三等级的代表。消息一传开，巴黎人民群情激愤，一场大革命就这样爆发了。

　　1789年7月14日的早晨，巴黎人民夺取了整个巴黎，最后国王军队手里只剩下象征封建制度的巴士底监狱，起义者不约而同地向巴士底监狱涌去。经过几个小时的浴血奋战，起义军终于攻破了这座监狱，解放了被关押的七名囚犯。

❓ 考考你：
关于巴士底监狱，你了解多少？

真相大白 ▶▶▶▶

　　巴士底监狱高30.48米，围墙很厚，有8个塔楼。上面架着15门大炮，大炮旁边堆放着几百桶火药和无数炮弹。这里曾关押过很多名人，伏尔泰就曾两次被关押在这个监狱。

< 60 >

君主立宪派的统治

资产阶级代表在起义中夺取巴黎市府政权，制宪议会成为最高国家权力机关。

1791年9月，制宪议会制定了新宪法，规定行政权属于国王，立法权属于立法会议，司法权属各级法院，法国成为君主立宪制国家。

法国大革命引起周边国家不安，普鲁士、奥地利成立联军攻打法国，法国军队被打败，联军攻入法国。早先从君主立宪派中分裂出来的雅各宾派开始进行反君主制运动，他们在1792年8月10日发动起义，并取得了成功，废除1791年宪法、国王退位、实行普选制。

9月22日法兰西第一共和国成立。1793年1月21日，路易十六以叛国罪被处死，雅各宾派开始执政。

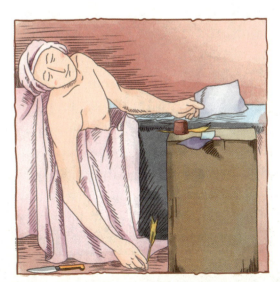

雅各宾派执政

雅各宾派执政后，平定各地旧势力的武装叛乱成了他们的主要任务。1793年6月24日，他们公布了1793年宪法，这是法国第一部共和制的民主宪法。经过几年的抗争，到1794年初的时候，雅各宾派基本将外国干涉军全部赶出了国土，国内的叛乱也基本得到平息。不过这个时候，雅各

< 61 >

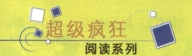
宾派内部分裂，开始了激烈的斗争。一时间，法国国内恐怖政策盛行，人民开始反对雅各宾派。7月27日，热月政变爆发，热月党人推翻罗伯斯庇尔并将其斩首。

热月党人的统治

当皇帝的感觉不错~

热月党人在1793年10月解散了国民公会，成立了新的政府机构督政府，恐怖时期结束，不过这个时候，法国的政局仍然不稳定。1799年英国组成第二次反法联盟，11月9日拿破仑·波拿巴发动雾月政变，结束了督政府的统治，建立起临时执政府，法国大革命结束。

？ 考考你：
你知道谁是法国大革命以后名义上的国王吗？

真相大白

这个人是路易十七，他是路易十六的儿子，名叫查尔斯。虽然他没当过政，然而大家还是把他当作是名义上的国王。而王政复辟后登基的普罗旺斯伯爵也自称是路易十八。

< 62 >

内外兼修的影响

左眼国内

法国大革命是一次广泛而深刻的政治革命和社会革命，在法国大革命的五年时间里，人民群众都显示出伟大的力量，一再把革命从危机中挽救过来，最重要的是，它结束了法国一千多年的封建专制制度。

右眼国际

法国大革命是世界近代史上规模最大、最彻底的资产阶级革命，它摧毁了法国的封建专制制度，震撼了整个欧洲大陆的封建秩序，建立起资产阶级的政治统治，促进了资本主义经济的发展，传播了资本主义自由民主的进步思想。

< 63 >

北美殖民地
是如何独立的

1775年4月19日，莱克星顿响起了一阵枪声，可不要小看了这阵枪声，它标志着美国的独立战争打响了，这是美国从英国殖民者的牢笼中挣脱出来的第一步……

日不落帝国

疯狂的背景档案

名称：美国独立战争

时间：1775—1783年

主要指挥官：乔治·华盛顿

亨利·克林顿

战争是如何发生的

1607年，英国人来到北美大西洋沿岸，开始建立第一个殖民地弗吉尼亚。经过不断扩张，到18世纪30年代，英国人已在北美大西洋沿岸建立了13个殖民地。在这个时期，很多人都移居到北美，这些人

建立个殖民地是十分容易的。

< 64 >

大多数是英国人，也有来自欧洲其他国家的人，甚至还有不少从非洲贩运过来的黑奴。

经过一百多年的发展，英属北美各殖民地的经济来往日益密切，一个统一的国内市场已经基本形成。在这种交流、融合中，英语成为了他们的共同语言，并形成了共同的文化，民族意识也逐渐觉醒。

18世纪中期，英属北美殖民地的经济发展迅速，他们生产的很多产品甚至能够在国际市场上与英国产品一争高低。然而，英国经过1756—1763年的"七年战争"，虽然打败了法国，却导致了财政困难。于是，英国政府不断地向北美各殖民地增加税收，并实行高压政策，殖民地人民不满英国的盘剥和束缚，双方矛盾日益尖锐。

< 65 >

两个版本的历史

	1775—1778 年
英国	**战略进攻阶段** 　　战争开始后，英军主动进攻，希望将殖民地的动乱扑灭在萌芽状态。当时殖民地的大陆军力量太过薄弱，虽然他们对英军宣战了，但是基本上都是处于守势，在那里争取外援。
美国	**战略防御阶段** 　　大陆军当时由华盛顿率 1.9 万人与英军打阵地战，结果损失惨重，被迫于 11 月率余部 5 000 人撤往新泽西，英军占领了纽约。1777 年夏，约翰·伯戈因率 7 000 英军从加拿大南下，企图与威廉·豪会师。但威廉·豪未按计划北上，反而率 1.8 万人南下，于 9 月夺取了大陆会议的所在地费城。

？ 考考你：
萨拉托加大捷中，狙击手有着怎样的功劳？

真相大白

　　萨拉托加之战是美国独立战争的一场转折性的战役，而 1777 年 10 月 7 日狙击手蒂莫西·墨菲在 500 码的距离外射死了英军的西蒙·弗雷泽将军，为美军的胜利做出了巨大的贡献。

< 66 >

1779—1781 年

英国	**战略相持阶段** 英军新任统帅克林顿上任后，利用南部"效忠派"较多和靠近西印度群岛的有利条件，将军队主力转移到南部，然后对北美南部诸州各个击破。不过北美的大陆军因为跟法国陆、海军积极配合，很快就控制沿海基地，他们还积极开展游击战，这样就打破了英军的计划。
美国	**战略相持阶段** 1779 年秋，美军进攻南部英军主要基地萨凡纳受挫。1780 年，大陆会议委派格林为南方美军司令，协同摩根到南方开展游击战，迫使英军从内地向沿海撤退。

< 67 >

1781 年 4 月—1783 年 9 月

英国	**战略撤退阶段** 1781 年 8 月，华盛顿亲率法美联军秘密南下弗吉尼亚，击败了来援英舰，完全控制了战区制海权。9 月 28 日，1.7 万名法美联军从陆海两面完成了对约克敦的包围。 在联军炮火的猛烈轰击之下，康沃利斯走投无路，请求进行投降谈判。
美国	**战略反攻阶段** 1782 年 11 月 30 日，美国与英国的代表在巴黎签订初步停战条约，1783 年 9 月 3 日，英王代表与殖民地代表于凡尔赛宫签订了《巴黎条约》，英国正式承认美利坚合众国成立。

? 考考你：

华盛顿如何躲过一劫？

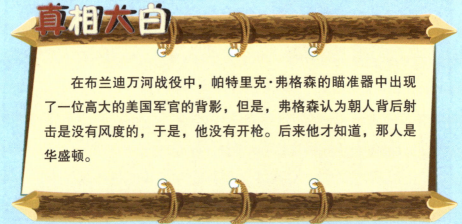

真相大白

在布兰迪万河战役中，帕特里克·弗格森的瞄准器中出现了一位高大的美国军官的背影，但是，弗格森认为朝人背后射击是没有风度的，于是，他没有开枪。后来他才知道，那人是华盛顿。

< 68 >

《独立宣言》

我们认为下面这些真理是不言而喻的：

造物者创造了平等的个人，并赋予他们若干不可剥夺的权利，其中包括生命权、自由权和追求幸福的权利。为了保障这些权利，人们才建立政府，而政府之正当权力，则来自被统治者的意愿。任何形式的政府，只要破坏上述目的，人民就有权利改变或废除它，并建立新政府；新政府赖以奠基的原则，得以组织权力的方式，都要最大可能地增进民众的安全感和幸福感。

战争的深远意义

美国独立战争是世界史上第一次大规模的殖民地争取民族独立的战争，它的胜利，为殖民地民族解放战争树立了典范。

美国独立战争推翻了英国的殖民统治，建立了美利坚合众国，解放了生产力，为美国资本主义的发展开辟了宽广的道路。

美国独立战争的胜利，对欧洲及拉丁美洲的资产阶级革命起了推动作用。

< 69 >

为什么说美国内战是美国历史上第二次资产阶级革命

1861 年的美国政治地图

疯狂的背景档案

名称：美国南北战争

时间：1861 年 4 月 12 日—1865 年 4 月 9 日

主要指挥官：尤里西斯·格兰特、罗伯特·李

这样一个国家

在美国内战爆发之前，美国实际上被划分为 4 个截然不同的区域：即东北方、西北方、南方和西南方。东北方工业与商业发达；西北方自由农民较多，且没有

< 70 >

奴隶制度；南方是垦殖农场，不过经济出现衰退，西南方则是发达的棉花经济区。

这样一本书

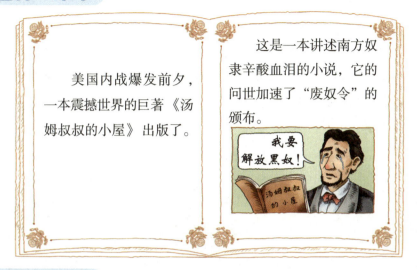

美国内战爆发前夕，一本震撼世界的巨著《汤姆叔叔的小屋》出版了。

这是一本讲述南方奴隶辛酸血泪的小说，它的问世加速了"废奴令"的颁布。

我要解放黑奴！

这样一个人

1860 年，林肯当选为美国总统，这让原本的平衡失衡了。共和党林肯的当选引发南方的脱离，林肯是反对奴隶制度的温和派，他承诺尽其所能反对奴隶制度在新领土上的扩张。

由于林肯竞选总统的胜利，奴隶州失去了在参议院的权力，在面对关税威胁时，南方以此为由单方面行使州权脱离联邦。

？ 考考你：
美国内战的战场上也有"花木兰"吗？

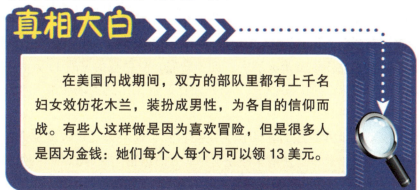

真相大白 ▶▶▶

在美国内战期间，双方的部队里都有上千名妇女效仿花木兰，装扮成男性，为各自的信仰而战。有些人这样做是因为喜欢冒险，但是很多人是因为金钱：她们每个人每个月可以领 13 美元。

< 71 >

一份战争日历

1861 年

南北双方在东战场进行了第一次大规模交锋。北军由欧文·麦克道尔将军指挥，有 3.5 万人。南军由名将皮埃尔·博雷加德和约瑟夫·约翰斯顿指挥，有 2.2 万人。北军一开始以优势兵力向布尔河对面的南军阵地发起猛攻。南军将领托马斯·杰克逊顶住了北军的 5 次进攻，因而获得了"石壁"的称号。南军援军到来后，发起反攻，击溃了北军。

1862 年

1862 年 2 月 22 日，联邦军根据林肯的命令发起攻击，从西、北、南海陆三个方向攻打南方领土及封锁南方的海岸。

在西战场，北军取得重大胜利。到 5 月底，哈勒克指挥的 11 万大军解放了肯塔基州全部和田纳西州大部。密西西比河这条南北大动脉绝大部分已被北军打通。

在东战场，北军以攻打里士满为主要目标，而不去寻歼敌军主力。通过"安提塔姆会战"，北军迫使南军停止了对北方的进犯，提高了北军的士气，并改善了北方的国际地位，英国也因此未敢贸然承认南方的国际地位。

< 72 >

1863 年

    这一年，战事重心从东战场转到了西战场，全年共有 5 次大型战役，分别是钱斯勒斯维尔战役、葛底斯堡战役、维克斯堡战役、奇克莫加战役、查塔努加战役。这一年北方采用了革命的战争路线，充分发挥了雄厚的经济和军事潜力，在战场上节节胜利。

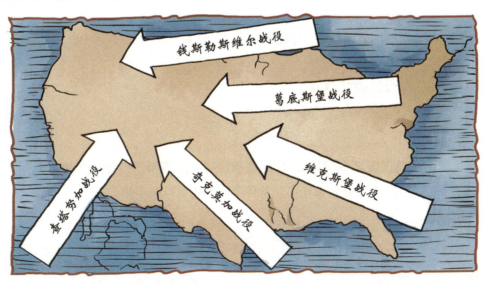

< 73 >

1864 年

1864 年是北方向南方发起战略进攻的一年，这一年的主战场在西线。谢尔曼集结了 10 万精兵强将展开亚特兰大战役，大军在海军配合下，攻占了萨凡纳，完成了"向海洋进军"，将"南部同盟"的领土东部分割成两半，为最后战胜南方奠定了基础。谢尔曼特地把攻占萨凡纳作为献给林肯的圣诞节礼物。

考考你：

马克·吐温也参加过南北战争吗？

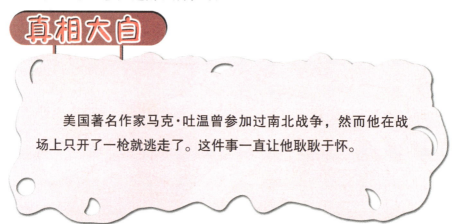

真相大白

美国著名作家马克·吐温曾参加过南北战争，然而他在战场上只开了一枪就逃走了。这件事一直让他耿耿于怀。

< 74 >

1865 年

这一年战争进入了尾声，南方已山穷水尽，士兵毫无斗志，逃兵多达数万人。6 月 2 日，南军全部放下了武器，内战结束。

> 不要跑了，就我一个人，我是来告诉你们我们不会杀你们的。

美国内战的意义

美国内战维护了国家统一，废除了奴隶制度，进一步扫除了资本主义发展的障碍，为美国资本主义经济的起飞奠定了基础，所以它被称为美国历史上的第二次资产阶级革命。

考考你：

美利坚联盟总统杰斐逊·戴维斯也曾遭遇过抢劫吗？

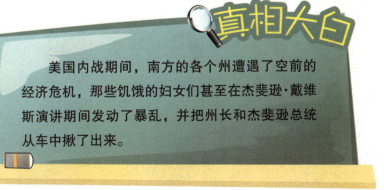

真相大白

美国内战期间，南方的各个州遭遇了空前的经济危机，那些饥饿的妇女们甚至在杰斐逊·戴维斯演讲期间发动了暴乱，并把州长和杰斐逊总统从车中揪了出来。

< 75 >

为什么 丘吉尔 认为七年战争才是第一次世界大战

一本英国历史书

世界近代史

（上）

丘吉尔 编著

大英帝国梦想出版社

七年战争是法国革命战争前欧洲各主要国家都相继卷入的最后一次大规模战争，战争涉及到了英国、法国、西班牙、葡萄牙、俄国、瑞典、奥地利、普鲁士等国，战场遍及欧洲大陆、地中海、北美、古巴、印度和菲律宾等地。所以我认为，七年战争才是真正的第一次世界大战。

　　1756 年，欧洲大陆上的主要国家慢慢地形成了英国—普鲁士、法国—俄国—奥地利为主的两大集团，为了争夺殖民地和领土，它们开始了一场长达 7 年的战争……

< 76 >

疯狂的背景档案

战争名称：七年战争

时间：1756—1763 年

参战方：英国、法国、普鲁士、俄国、奥地利

结果：英国—普鲁士同盟胜利

解不开的重重矛盾

英法矛盾

英国打败西班牙和荷兰后，极大地威胁了法国的利益，英法之间的矛盾迅速激化。

普奥矛盾

普鲁士和奥地利是神圣罗马帝国中最为强大的两个国家，它们都想要成为德意志诸侯国中的霸主，进而统一德意志。两强相争，必定产生矛盾。

俄普矛盾

沙皇俄国打败瑞典之后继续西进和南下，与日益强大的普鲁士发生冲突，两国关系急剧恶化。

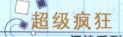

签不完的军事合约

白厅条约

1756 年 1 月 16 日，英、普缔结了《白厅条约》，规定双方以武力"对付侵犯德意志领土完整的任何国家"，保证英王在德意志的汉诺威领土不受侵犯。

俄奥攻守同盟

《白厅条约》大大触怒了俄国人，面对这种局势，俄国女皇叶丽萨维塔·彼得罗芙娜于 1756 年 3 月 25 日转向同奥地利柯尼次亲王结成攻守同盟。

凡尔赛条约

奥地利与法国国王路易十五签订条约，双方保证各自提供军队，援助另一方反击任何敌人。

呃……越来越危险了！

考考你：

普鲁士腓特烈大帝的秘密指示是什么？

真相大白

……假如我战死了，一切事物必须丝毫不变地照常进行……假如我不幸被俘，严禁为我个人产生丝毫顾虑，或者对于我在被俘期间所写的只言片语有丝毫遵从。

< 78 >

形成的两大军事集团

英普同盟

法奥俄同盟

利益

英国
普鲁士
汉诺威
黑森 - 卡塞尔
不伦瑞克
葡萄牙

利益

法国
奥地利
俄国
瑞典
萨克森
神圣罗马帝国
西班牙

惨烈的战争过程

七年战争大事年表

普奥交锋（1756—1757年）

1756年8月29日：普鲁士腓特烈大帝率先向奥地利发起了攻击，他在一个月内就占领了德累斯顿。

1756年10月1日：2.8万多普军在易北河向西列阵，迎战布劳恩元帅的3.4万奥军，罗布西茨战役爆发，最后普军取得了胜利。

1757年1月：普军南下大规模入侵奥地利的波希米亚，打算在法军和俄军增援前逼降奥地利。

< 79 >

1757 年 5 月 6 日：普军向布拉格发起进攻，奥军被迫退守城内。没多久，奥地利的援军到来，普军在科林战役中失利，速胜希望破灭。

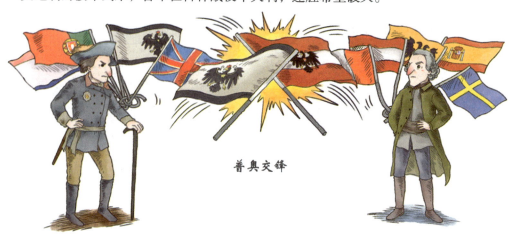

普奥交锋

法俄参战（1757—1760 年）

1757 年 8 月：法军黎塞留公爵率军迫使英国王子威廉·奥古斯都（坎伯兰）公爵指挥的英国汉诺威联军投降。

1757 年 9 月：俄军开始向战场调动军队。夏季的时候，趁着奥、法军对普军兵力有所牵制，俄军进军东普鲁士，最后取得了胜利。

1757 年 11 月：普法两军发生了罗斯巴赫会战，结果法军大败。

？ 考考你：

七年战争引发了什么连锁反应？

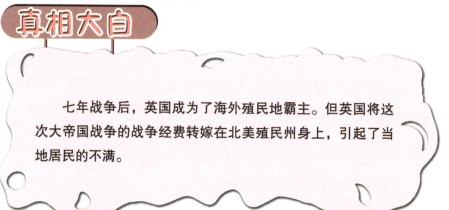

七年战争后，英国成为了海外殖民地霸主。但英国将这次大帝国战争的战争经费转嫁在北美殖民州身上，引起了当地居民的不满。

< 80 >

　　1757 年 12 月：普军主力由西东进，截击进入西里西亚的奥军，双方爆发洛伊滕会战，普军大获全胜。

　　1758 年 1 月：俄军占领东普鲁士，腓特烈率主力迎击，8 月 25 日普军在奥德河畔措恩多夫击败俄军。

　　1759 年 8 月：俄奥联军与普鲁士进行库勒斯道夫战役，普军被击败。

　　1760 年 7 月：普军在西里西亚以少胜多击败俄奥联军。

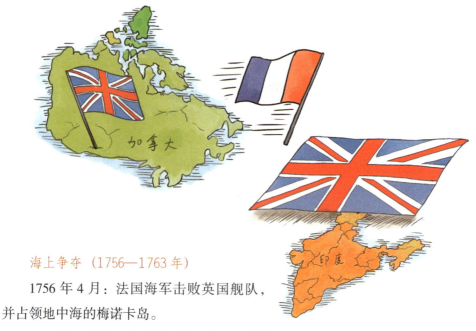

海上争夺（1756—1763 年）

1756 年 4 月：法国海军击败英国舰队，并占领地中海的梅诺卡岛。

1758 年：英军攻占布雷顿角，包围路易斯堡。

1759 年：法国舰队在拉古什和基伯龙被英国舰队消灭。

1763 年 2 月 10 日：英法签定了《巴黎和约》，其中法国被迫将整个加拿大割让给英国，并从印度撤出。

❓ 考考你：

你知道《巴黎和约》的签署对法国有什么影响吗？

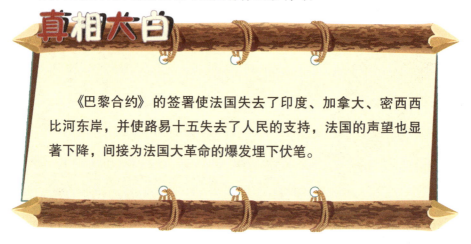

真相大白

　　《巴黎合约》的签署使法国失去了印度、加拿大、密西西比河东岸，并使路易十五失去了人民的支持，法国的声望也显著下降，间接为法国大革命的爆发埋下伏笔。

< 82 >

当代历史

俄国 十月革命 的伟大历史意义是什么

　　1917 年 11 月 7 日，列宁和托洛茨基领导了以布尔什维克党为主的武装起义，革命推翻了以克伦斯基为领导的资产阶级临时政府，成立了第一个由马克思主义政党领导的社会主义国家。

疯狂的背景档案

名称：十月革命

时间：1917 年 11 月 7 日

　　为什么俄国会爆发十月革命呢？相关专家从主客观两个方面进行了分析：

　　就客观而言，1861 年俄国农奴制改革后，资本主义迅速发展，到了 19 世纪末 20 世纪初，

< 84 >

俄国进入到了帝国主义阶段，但它处于帝国主义链条上最薄弱的环节。

就主观而言，俄国无产阶级的力量随着资本主义的发展不断壮大，它已经有了成熟的政党布尔什维克党，并制定了正确的革命策略。与此同时，俄国无产阶级还有革命的同盟军——占全国人口大多数的贫困农民。

考考你：
列宁是如何戒烟的？

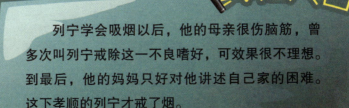

真相大白

列宁学会吸烟以后，他的母亲很伤脑筋，曾多次叫列宁戒除这一不良嗜好，可效果很不理想。到最后，他的妈妈只好对他讲述自己家的困难。这下孝顺的列宁才戒了烟。

< 85 >

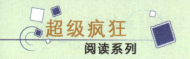
文武双管齐下策略

武（彼得格勒武装起义）

　　1917年11月6日，列宁亲自领导武装起义。7日凌晨1时，起义部队占领了邮政总局。2时起义军部队攻占了波罗的海火车站和尼古拉耶夫斯基火车站。6时左右，大部分地区几乎都掌握在起义者的手里。10时，革命军事委员会散发了列宁起草的《告俄国公民书》，宣布临时政府已被推翻，政权已转归苏维埃。

　　不过，临时政府仍负隅顽抗，到11月8日凌晨1时50分，临时政府的成员（除克伦斯基逃跑外）全部被擒，彼得格勒武装起义取得胜利，资产阶级临时政府被推翻。

< 86 >

文（第二次全俄工农兵苏维埃代表大会）

在攻打冬宫的过程中，第二次苏维埃代表大会召开。这次会议首先通过了《告工人、士兵和农民书》，宣告各地全部政权一律转归工人农民士兵代表的苏维埃。11 月 8 日，大会通过了列宁起草的《和平法令》和《土地法令》。《和平法令》揭露了帝国主义的掠夺性战争，反映了广大劳动人民迫切希望和平的愿望，它建议一切交战国立即进行谈判，缔结不割地不赔款的和约。最后，代表大会选举成立了世界上第一个工农兵苏维埃政府——人民委员会，无产阶级伟大导师列宁当选为人民委员会主席。11 月 9 日清晨，大会胜利闭幕，它宣告了世界上第一个无产阶级专政国家的成立。

看完才知道

列宁承诺会在革命胜利后为人民带来和平，于是，在十月革命后，俄国很快退出了第一次世界大战，而沙皇尼古拉二世则在此次革命后被枪决。

考考你：

列宁成绩好的秘诀是什么？

真相大白

列宁成绩好的秘诀是善于学习。有一次，他和小伙伴们见到了几个屎壳螂，大家疑惑："屎壳螂为什么要把粪球滚到窝里去呢？"列宁也不知道，但是他通过查阅资料，找到了答案。

< 87 >

挑战你的思维

选择题：十月革命的伟大历史意义有哪些？（　　）

A. 十月革命是人类历史上第一次取得胜利的社会主义革命，建立了第一个无产阶级领导的社会主义国家，开辟了人类探索社会主义道路的新时代，使马克思列宁主义传遍世界，极大地震撼了资本主义世界。

社会主义新道路

B. 十月革命向全世界宣告：崭新的社会制度由理想变为现实。它在人类历史上第一次消灭剥削和压迫的不平等现象，第一次尝试建设公平正义、共同富裕的美好社会。

< 88 >

C. 十月革命沉重地打击了帝国主义的统治，极大地鼓舞了国际无产阶级革命运动和殖民地半殖民地被压迫民族的解放运动。

D. 十月革命改变了俄国历史的发展方向，用社会主义方式改造俄国的发展道路，对整个人类社会的发展都产生了巨大的影响。

答案

参考答案：ABCD

? 考考你：
什么叫布尔什维克？

真相大白

　　在1903年俄国社会民主工党第二次代表大会上，以列宁为首的马克思主义者同马尔托夫等机会主义者产生了争论，在选举中央领导机关成员时，前者获得多数，故名布尔什维克，即多数派。

< 89 >

印度民族起义为什么会失败

1857 年，印度北部和中部的人民群众发动了一场反对英国统治的民族起义，这次起义最后虽然失败了，但是它的深远意义不可磨灭。

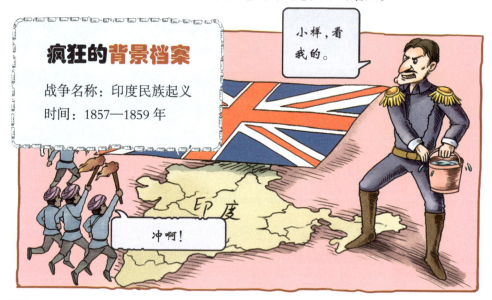

疯狂的背景档案

战争名称：印度民族起义

时间：1857—1859 年

小样，看我的。

冲啊！

印度

? 考考你：

东印度公司和今天的跨国公司一样吗？

真相大白

东印度公司从英国政府那里获得贸易独占权并且拥有军队，在殖民地建立政府机构，对殖民地进行残暴的政治统治、经济掠夺以至于贩卖奴隶、毒品，它是军政经合一的殖民机构。

< 90 >

膨胀的矛盾

19 世纪上半期，印度完全沦为英国的殖民地。英国极力把印度变成商品销售市场和原料产地，激起农民和手工业者的极大仇恨。

< 91 >

1856 年，印度雇佣兵被英国政府派往缅甸远征。远征结束后，英国东印度公司就开始取消雇佣兵原有的一些特权，减少他们的薪水，并规定职务升级不能超过中士。英国士兵住着舒适的房子，印度士兵却只能住简陋的帐篷，这让那些雇佣兵很不满意。

看完才知道

点燃的导火索

1857 年初，在印度雇佣兵中流传着这样一种说法：东印度公司用猪油或牛脂做润滑油涂在来福枪的子弹上。这样一来，士兵在装子弹之前，必须用牙齿咬破来福枪子弹的弹壳，但是，印度教和伊斯兰教的信徒是不能用嘴接触禁忌动物的脂肪的。所以这些士兵拒绝使用这种子弹。虽然东印度公司宣称这只是谣言，但印度士兵仍对此耿耿于怀。

考考你：

印度民族大起义导火索后的又一矛盾激化事件是什么？

真相大白

1857 年 3 月，第三十四团的士兵潘迪攻击他的英国中士，杀死了一名军士长后开枪自尽未遂。作为惩罚，东印度公司决定取消这个兵团，这导致了其他团士兵的不满，从而激化了矛盾。

< 92 >

简单的起义过程

1857 年 5 月 9 日，雇佣军的一些印度士兵因拒绝使用涂猪油或牛脂的子弹被判处 10 年苦役。5 月 10 日孟加拉部队第 11 轻骑兵团和第 20 轻骑兵团发动叛乱，释放第 3 骑兵团士兵，并攻击欧洲人居住区。不过一开始，英军根本没有把这当回事，起义军队很快到达德里，当地的印度人也加入反英运动。

< 93 >

虽然印度大部分人对英国表示反对，但是他们对反英的看法是不一致的，许多印度人加入抗英运动的原因是因为他们希望恢复莫卧儿帝国。而另一部分印度人不支持这次起义，这些人主要是旁遮普的锡克教徒。因为他们对莫卧儿帝国恨之入骨，以至于他们竟然跟英国人站在同一条战线上。

疯狂的历史学家说

莫卧儿帝国

1526年，中亚封建主蒙古—突厥族后裔巴布尔入侵印度。他在第一次帕尼帕特战役中战胜德里苏丹，随后自封为印度斯坦皇帝，这是莫卧儿王朝统治印度的开始。之后，巴布尔又经过1527年的坎努战役和1529年的戈格拉战役，统一了北印度。1530年，胡马雍继位。1540年，胡马雍在曲女城战役中被比哈尔阿富汗酋长舍尔沙击败，流亡波斯和阿富汗，莫卧儿王朝在印度的统治暂告中断。

< 94 >

必然失败的结局

领导起义的封建主

他们起义的目的就是为了恢复封建旧秩序，而丝毫不考虑下层人民的要求。

这些封建主虽说口头上大都接受莫卧儿旗号，不过却各怀鬼胎，都想在起义后扩大自己的势力。

就全国来说，封建王公和地主的绝大多数是站在英国殖民者一边，竭力阻止其管辖地区爆发起义，并从兵力、财力上支持英国统治者。

考考你：
你知道印度民族大起义包括哪些阶层吗？

真相大白

1857—1859 年的印度民族大起义的领导者是印度的封建王公，士兵是这次起义的主要力量。这次民族大起义得到了很多普通民众的积极支持和参与。

< 95 >

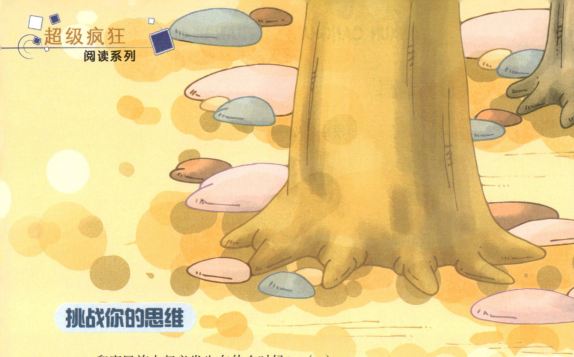

挑战你的思维

1.印度民族大起义发生在什么时候?（ ）

    A 1957—1959 年   B 1857—1859 年

    C 1859—1861 年   D 1861—1863 年

2.印度民族大起义中的印度人民是与哪个国家发生了战争?（ ）

    A 法国   B 英国

    C 德国   D 西班牙

3.印度民族大起义中的起义军希望恢复的是什么帝国?（ ）

        A 莫卧儿帝国

        B 马拉特帝国

        C 孔雀王朝

        D 贵霜王朝

 答案

答案：1.B　2.B　3.A

< 96 >

为什么会爆发世界大战

　　1914 年 6 月 28 日上午 9 时整，奥匈帝国皇太子斐迪南大公来到波斯尼亚视察。这位皇太子看起来很关心人民疾苦，而实际上，他来到这里主要是想炫耀一下自己而已，因为这个地方是被奥匈帝国抢过来的。斐迪南大公正在那里得意呢，一个叫作普林西普的 17 岁孩子却用一颗子弹迎接了他……一个多月后，第一次世界大战爆发。

？ 考考你：

"一战"的根源是什么？

真相大白

　　大战的根源在于帝国主义时期资本主义发展不平衡性的加剧，后起的帝国主义国家强烈要求重新瓜分世界。

< 97 >

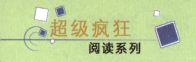
疯狂的背景档案

战争是这么发生的：

为了争夺欧洲大陆霸权→爆发普法战争，普鲁士获胜，建立德意志帝国，法国又是割地又是赔款，于是两国产生了恩怨→俾斯麦担心法国报复，与奥匈

< 98 >

帝国及意大利王国两国缔结了"三国同盟";法国不甘示弱,于是跟英国和俄国缔结了"三国协约"→德意志帝国要求更多殖民地,刺激了英、法两个老牌帝国的利益→德、法开始扩军,为战争准备,1880—1913年,德国常备军由42万扩充至87万,法国则由50万扩充至80万→第一次世界大战一触即发。

战争的进行

施里芬计划:(德国)先利用德国发达的铁路网,集中优势兵力在六星期内打败法国,然后将部队调往东线进攻沙俄。

17号计划:(法国)以两个集团军齐头并进,收复阿尔萨斯和洛林两省。

西南战线

德军进攻:1914年8月21日德军进攻法国北部,法军失守;9月5日至9月12日,德军与英法联军在巴黎近郊马恩河至凡尔登一线交火马恩河战役爆发,结果两败俱伤;接着,双方又进行了奔向海边的运动战、佛兰德会战,最后双方进入到对峙状态。

美国参战:1917年4月6日,美国以德国将协助墨西哥为借口向德国宣战。

最后进攻:1917年11月,东线因俄国发生十月革命并退出战争而结束,德军立即集中兵力于西线,想在美军到达欧洲前将英法打败。

< 99 >

东面战线

德俄交战：俄军乘德军将兵力集中在西线之际，在东线向德军发起进攻，并逼向德国的心脏地带，德军从西线调兵回援，两国相互迂回作战。

土耳其参战：德国为了牵制俄国，答应给奥斯曼土耳其提供1亿法郎的贷款，代价是它要对俄宣战。土耳其为了贷款也加入了战争，结果第九集团军却被歼灭。

意大利转投协约国：1915年5月，意大利因为得到了英法的许诺，战后会将阜姆和达尔马提亚给它，于是它倒戈，开始对同盟国宣战。

考考你：
巴黎和会的内容是什么？

真相大白 ▶▶▶

巴黎和会的主要内容就是将奥匈帝国分为好几个国家，对德国进行了极为严格的军事和经济制裁，为德国在20年后挑起规模更大的第二次世界大战埋下了祸根。

< 100 >

交战双方军民的死亡人数的比例

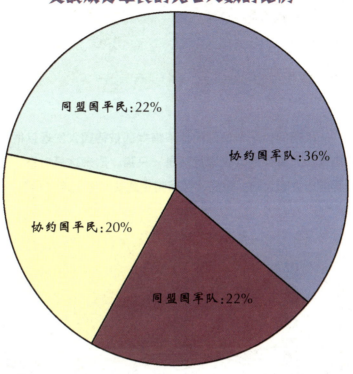

同盟国平民：22%

协约国军队：36%

协约国平民：20%

同盟国军队：22%

战争死亡人数对比

- 协约国军队：36%
- 同盟国军队：22%
- 协约国平民：20%
- 同盟国平民：22%

战争的影响

战争结束后，各国很快就在巴黎召开会议（当然是战胜国比较着急了），这次会议的名称叫"巴黎和平会议"。

<101>

? **考考你：**

毁了司令部的竟然是一只猫？

真相大白

一战期间，一个法国的地下指挥部被德国人发现且很快就被剿灭。而事件的导火索竟然是一只猫。原来这只猫每天上午都要溜出去晒太阳。由此，德军判定此处一定是高级指挥所。

疯狂的历史学家说

第一次世界大战的发生也成为了一系列新技术发展的催化剂。战争期间，发明不久的飞机受到一些国家的重视，很快进入实用阶段。军用飞机在战场上成为一支新的力量。飞机的数量也不断增加。在大战期间，汽车的机动性引起人们的关注。德国等原料缺乏的国家，为了应付敌方的封锁，大力发展化学合成技术。从而推动了化工技术的发展。战士对物资的旺盛需求，也促使人们不断地改进生产流程，为生产管理的革新提供了条件。

<102>

挑战你的思维

11.第一次世界大战中的协约国包括哪几个国家?( )

　　A 法国

　　B 德国

　　C 英国

　　D 俄国

2.第一次世界大战的导火索是什么?( )

　　A 萨拉热窝事件

　　B 莱克星顿的枪声

　　C 占巴士底狱

　　D 波士顿倾茶事件

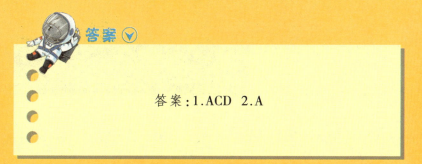

答案

答案:1.ACD　2.A

3.简述第一次世界大战的性质。

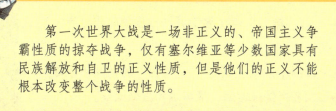

答案

第一次世界大战是一场非正义的、帝国主义争霸性质的掠夺战争,仅有塞尔维亚等少数国家具有民族解放和自卫的正义性质,但是他们的正义不能根本改变整个战争的性质。

<103>

德国为什么闪击波兰

1939 年 9 月 1 日凌晨，波兰的士兵还在睡梦中，德国突然出动 58 个师，2 800 辆坦克，2 000 架飞机和 6 000 门大炮，对波兰的部队、军火库、机场、铁路、公路和桥梁发起了"闪电"式进攻。

好美丽的烟花表演啊！这么响，这么亮！

? 考考你：
何谓"闪电战"？

真相大白 》》》》

"闪电战"这个名词并非出自德国人之手，而是德军在法国战争结束后，美国的《时代》杂志率先提出的新名词。"闪电战"的创始人是纳粹三大名将曼施坦因、隆美尔和古德里安。

<104>

疯狂的军情观察室

疯狂的军情观察室

第一步：

德国是第一次世界大战的战败国。1919 年，战胜国对战败国签订了《凡尔赛条约》，根据这个条约，德国的波森和西普鲁士被割让给了波兰，这样一来，波兰就有了通往波罗的海的通道——波兰走廊，虽然吃了败仗，德国却一直对此耿耿于怀。

1933 年，希特勒上台，他一直表示要收回被割占的土地，认为这是德国人的耻辱。1938 年，德国吞并了奥地利和捷克斯洛伐克，这样一来，小小的波兰一下子就处于德国的半包围圈中了，野心勃勃的希特勒怎么会放弃已经到了嘴边的肥肉呢！

<105>

第二步:

波兰当然也不是傻子,它不会明明知道自己面临危险而无动于衷,为了保全自己,它早在 1939 年就跟英法结盟,英法还做出了会保卫波兰的国家主权的承诺。这样一来,德国就处在了法国和波兰两个国家中间。"卧榻之侧,岂容他人鼾声四起",希特勒可不愿意这样受制于人,他看了看西边的法国,又看了看东边的波兰,心中已经有答案:先解决掉弱小的波兰,再寻找机会将英法干掉。

考考你:

"闪电战"是无往不胜的吗?

虽然"闪电战"在对付波兰、法国和苏联时非常有效,但它不是百试不爽的。因为"闪电战"对后方补给的速度要求很高,必须要有特别的补给车辆和通信方法以及分散化的指挥方式的配合。

<106>

第三步：

你以为希特勒的目标只是波兰吗？那你就大错特错了。他可没有那么容易就满足的，他还有更远大的目标呢！他要征服苏联，然后统治全世界。在苏联跟德国之间，有一个波兰挡在那里，不过希特勒并不觉得这是什么坏事，恰恰可以用波兰做跳板进攻苏联。

希特勒也知道斯大林不傻，为了不让他看出自己的意图，希特勒在1939年8月跟斯大林签订了《苏德互不侵犯条约》，老谋深算的斯大林还是被希特勒算计了。在攻破波兰之后，1941年6月30日，希特勒将炸弹狠狠地扔向了斯大林……

电影《满城尽是"闪电战"》

电影院中，一个小孩正和他的爸爸一起观看大片《满城尽是"闪电战"》。一支德军，将自己军队的服装换了下来，穿上了波兰士兵的服装，然后突袭了德国边境的格莱维茨电台，并在广播里用波兰语大骂德国，顺便丢下几具身穿波兰军服的尸体，接着，全德国的广播都播送了"德国遭到波兰突然袭击"的消息。

电影院所有的人都转过头来看着这对父子，父亲很是不好意思，开始呵斥儿子。

孩子还想辩解，突然电影中传来阵阵轰炸声，原来，德国的轰炸机群已经飞到了波兰，短短几分钟，就丢下大量的炸弹，将他们的部队、军火库、机场、铁路、公路和桥梁炸得稀巴烂。

<108>

挑战你的思维

1. 你知道德国闪击波兰行动的代号是什么吗？（ ）

    A 白色方案

    B 猎鹰行动

    C 红色突袭

    D 反恐行动

2. 第二次世界大战欧洲战区的起点是哪次战争？（ ）

    A 德波战争

    B 苏德战争

    C 诺曼底登陆

    D 日德兰海战

答案 ▼

答案：1.A 2.A

考考你：

"闪电战"的克制方法是什么？

真相大白

    "闪电战"也不是没有办法克制的。因为它毕竟是存在弱点的，比如那些没有被消灭的部队完全可以发动反攻。而对付"闪电战"的战术则有游击战、反击战和巷战等。

为什么偷袭珍珠港决定了日本战败的命运

1941 年 12 月 7 日，那是一个清晨。不过美国珍珠港的那个早晨却不是被雄鸡给唤醒的，而是被日本航母上起飞的战机扔下来的炸弹惊醒的。日本的 183 架飞机先是用炸弹唤醒了那里的美国士兵，然后再用 168 架飞机让他们永远地睡去了。

疯狂的背景档案

名称：偷袭珍珠港

时间：1941 年 12 月 7 日

一个南下北上战略：

1939 年，日本拟定了两个作战方向，分别为"南下""北上"两个作战计划。

< 110 >

北上计划

为了夺取苏联丰富的战略资源（石油、煤炭等），我们应该向北入侵苏联，占领西伯利亚。

计划执行情况：

1939 年 5 月至 9 月，我们按照既定计划向位于中蒙边境海拉尔以南 200 千米的诺门罕地区的苏蒙联军发动了大规模试探性战略进攻。我军跟敌军都派出了最精锐的部队和装备，在杂草丛生、沙丘连绵起伏的荒原上进行了一场长达 4 个多月的交战，结果我军遭遇不利。

南下计划

除了北上计划，我们还可以"南下"，夺取更大的战略资源（石油），为我们以后吞并世界储备资源。南洋已经成为英国、荷兰、美国的殖民地，但是我们为了石油，不惜冒险炸掉美国的珍珠港。

计划执行情况：

无。

❓ 考考你：

日军的密码曾经被中国女情报人员破译了吗？

真相大白

在日军偷袭珍珠港之前，中国的女情报人姜毅英曾经破译了日军的偷袭密码并通知了美军当局，可对方却不以为意，导致了噩梦的发生。

< 111 >

一幅作战计划图：

日本版本

总指挥：山本五十六

突击编队

指挥官：南云忠

部队组成：空袭部队、警戒部队、支援部队、巡逻部队、中途岛破袭部队、补给部队

先遣编队

指挥官：第六舰队司令清水光美海军中将

部队组成：第一潜艇部队、第二潜艇部队、第三潜艇部队、特别攻击部队

要地侦察部队

部队组成：两艘潜艇

补给部队

部队组成：六艘油船

实施时间

11月26日出发，12月7日正式开战

精心的准备是成功的一半

< 112>

美国版本

总指挥：梅尔金上将

部队组成：3 艘航母、9 艘战列舰、20 艘巡洋舰、69 艘驱逐舰和 27 艘潜艇

实施时间：空着呢

? **考考你**：

各方对珍珠港事件的评价如何？

真相大白

　　有人说珍珠港事件是日本的巨大胜利；而另一些人则说，袭击珍珠港只是为美国处理掉了一些过时舰艇并激起了其斗志。

<113>

一份美军日记

1941 年 12 月 7 日 天气：晴 心情：痛苦至极

这一天是我这一生都不会忘记的。我和杰克在雷达站值夜班。当天恰好是星期天，太阳还没有升起，战友们都在呼呼睡大觉，整个岛上只有极少数人起来了。

6 点 45 分时，我突然发现雷达屏幕上有不明物体靠近我们。我就跟杰克商量要不要上报，杰克说："上报什么，这么早会有谁来呢？可能就是一只大鸟。"听他这么一说，我也没有管。但是没过多久，我们就在屏幕上发现有一大群飞机正飞向我们这里，我们赶紧向防空中心报告。泰勒中尉回报我们应该是看到了自"希甘姆"机场起飞的巡逻队，或是从美国本土加州来的 B–17 轰炸机。

7 点 40 分，我看见天空中密密麻麻的飞机向我们飞过来了。不对啊！这不是我们的飞机。坏了！是日军的飞机。我赶紧打电话报告，可电话还没打通，炸弹声就已经响起来了。好多士兵都还在睡梦之中，等他们清醒过来时，日军早已经将我们的飞机和战舰炸沉了。不过他们还算命好，因为有一些战友就这样一直睡过去了。

7 点 58 分，罗根·C·雷姆赛上校在福特岛向港内发出广播："珍珠港受空袭，这不是演习！"这个消息后来被太平洋司令部重申了一遍，等到华盛顿方面收到这个消息的时候，已经是当地时间下午 2 点了。

我跟杰克是幸运的，因为我们值夜班没有睡觉，还因为我们的雷达站距离大本营有一段距离，不会成为日军的目标，我们侥幸逃过了一劫。

<114>

短期影响

偷袭珍珠港使得美国在太平洋上的实力大大消退。在此后的半年时间里，美国海军在太平洋战场上对日本而言是无足轻重的。这次偷袭甚至超出了日本指挥官的预期，此后日本乘机占领了整个东南亚、太平洋西南部，它的势力一直扩张到印度洋。

日本胜！

长期影响

从长期来看，偷袭珍珠港对日本而言是一个彻底的灾难。表面上看是日军重创了美国海军，其实不然，日本的主目标之一是美国的三艘航空母舰，不过当时却没有一艘在珍珠港内。

最为重要的是，偷袭珍珠港让原本意见不统一的国家团结起来，这是日本战败的最主要原因之一。

美国胜！

<115>

法西斯 帝国灭亡的标志性事件是什么

1945 年春，苏军以 3 个方面军 250 万人的兵力越过德境。德军调集军队约一百万人死守柏林，集中力量对付苏军。4 月 16 日，苏军首先用炮火宣告了这次战争的开始，或许双方都不知道，这些炮火成了苏军提前庆贺胜利的声音，也成为了提前预示德军失败的丧钟。

疯狂的背景档案

名称：柏林会战

时间：1945 年 4 月 16 日至 5 月 9 日

伤亡情况：苏军 33 万，德军 48 万

主要指挥官：朱可夫、崔可夫、凯特尔、魏德林

希特勒失败的必要条件

1944 年 8 月苏联发动巴格拉基昂行动，德军损失了布达佩斯和剩余匈牙利王国的大部分，通往波兰平原的大门已经被苏联红军打开。

<116>

1945 年 1 月，苏联在夺取华沙之后，成功地以每天 30～40 千米的速度向西推进，最后在距离柏林以东 60 千米的地方集结，准备给德军最后一击。

德军的装备出现问题，他们的油料开始出现缺口，战机和坦克的生产也显著减少，就算是新生产出来的装备质量也要比以前差得多。

柏林会战进程

1945 年 4 月 16 日早晨，苏联红军开始以火炮对德军阵地进行一阵狂轰滥炸，想要以此来突破德军的防线。

岂知德军早有防备，他们在苏军炮击前已经把第一道防线的兵力撤回。最后苏军只向前推进了大概 6 千米的位置，德军防线仍然原封未动。

<117>

这是真正的前仆后继啊!

市区激战

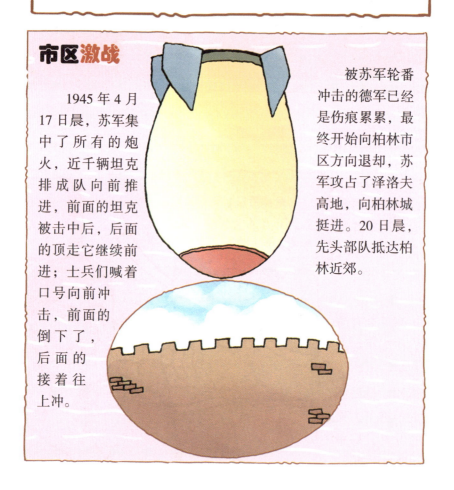

1945 年 4 月 17 日晨,苏军集中了所有的炮火,近千辆坦克排成队向前推进,前面的坦克被击中后,后面的顶走它继续前进;士兵们喊着口号向前冲击,前面的倒下了,后面的接着往上冲。

被苏军轮番冲击的德军已经是伤痕累累,最终开始向柏林市区方向退却,苏军攻占了泽洛夫高地,向柏林城挺进。20 日晨,先头部队抵达柏林近郊。

<118>

4月26日清晨，苏军数千架飞机向柏林投下了成千上万吨的炸弹和汽油弹。刹那间，柏林就被火海和硝烟覆盖了，德军损失惨重。

希特勒知道柏林凶多吉少了，不过他是一个战争狂人，是绝不会轻易认输的。他命令所有的人员继续战斗，在城市各处进行埋伏，想利用城市做掩护，来跟苏军进行巷战，这样，苏军的大型装备就派不上用场。

❓ 考考你：

希特勒的百万军队战斗力如何？

真相大白

本来希特勒有机会撤退的，但是他不听别人劝告，继续留在柏林，并且勉强整合了一个近一百万人的集团军，不过它的战斗力就不敢恭维了。

柏林是德军的老巢，是经过他们精心设计的，它的防御体系完整，工事非常坚固，特别是越靠近市中心，越是如此。尽管苏军的轰炸在一定程度上破坏了德军的工事，不过他们很快就找到了应对苏军的办法。坚固的楼房、隐蔽的地下室、地下铁道、排水沟壕，等等，都为德军提供了火力的支持点。这让苏联不得不转入巷战，逐栋楼房争夺，逐条街道攻取。

不过苏军有了斯大林格勒的经验，他们知道如何去攻占一个城市。他们在进攻前首先用火炮和飞机对目标地域进行轰击，然后步兵在坦克和配有喷火器和爆破器材的工兵掩护下，一小段一小段地推进，从后院、地下室甚至地下铁道和下水道渗透进去，攻占每一条街道、每一座楼房。

考考你：

德国投降的场面是怎样的？

真相大白

1945 年 5 月 9 日，受希特勒继承人邓尼茨的委托，德军最高统帅部三位代表在柏林军事工程学院的食堂大厅内，同苏联及其盟国正式签署了无条件投降书。

< 120 >

都市报说

莫斯科都市报

【本报讯】

　　柏林时间 1945 年 4 月 30 日 21 时 50 分，我国红军经过激烈的战斗，最后攻克了柏林，并将红旗插在了柏林国会大厦圆顶上。

　　5 月 1 日凌晨 3 时 55 分，德国陆军总参谋长克莱勃斯将军走出地下掩体，前往我军第 8 集团军的前线指挥所谈判，不过在谈判前他说出了一个惊天的大秘密：希特勒自杀身亡了！

　　5 月 2 日 7 时，德军柏林城防司令官魏德林上将前往崔可夫的前沿指挥所，签署了投降令。至此，柏林会战结束。

(请克莱勃斯前往莫斯科领取新闻线索奖 50 卢布)

<121>

挑战你的思维

1.柏林会战的意义是什么？（ ）

A 第三帝国宣告灭亡

B 二战欧洲部分胜利结束

C 德国法西斯的彻底灭亡

D 第二次世界大战的彻底结束

E 加快了日本法西斯失败的进程

2.你知道在柏林战役的 18 天中，苏军的死伤人数有多少吗？（ ）

A 15 万以上　　B 20 万以上

C 30 万以上　　D 100 万以上

答案

答案：1.ABCE

2.C

？ 考考你：

苏军战绩如何？

真相大白

在柏林会战中，苏军共消灭德军 93 个师，俘获官兵约四十八万人，缴获火炮 8 600 门、坦克和自行火炮一千五百余辆、飞机 4 500 架。而苏军的损失也是相当大的。

<122>

一块纪念碑

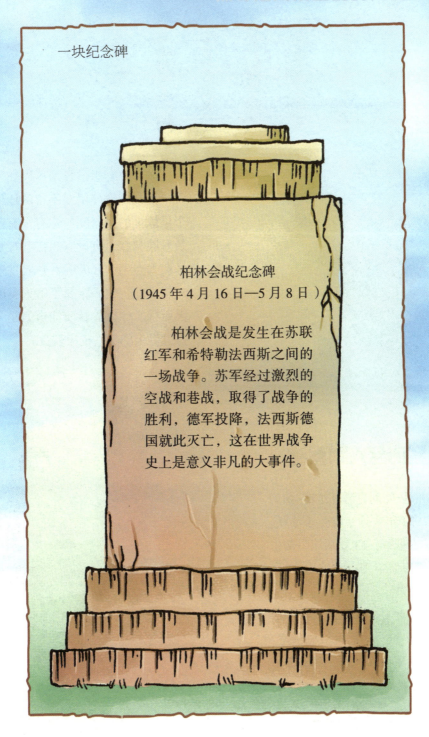

柏林会战纪念碑
（1945 年 4 月 16 日—5 月 8 日）

　　柏林会战是发生在苏联红军和希特勒法西斯之间的一场战争。苏军经过激烈的空战和巷战，取得了战争的胜利，德军投降，法西斯德国就此灭亡，这在世界战争史上是意义非凡的大事件。

< 123 >

世界上第一位宇航员是谁

你有没有想过自己可以在天上飞，甚至随意停留在宇宙的任何一个星球上的场景呢？你有没有羡慕聂海胜叔叔，有没有想搭载神舟十号在太空生活几天呢？在实现这些梦想之前，你一定要了解人类的航天历程。你首先就要知道的是，谁是世界上的第一位宇航员。

疯狂的名人科普馆

尤里·阿列克谢耶维奇·加加林，1934年3月9日生于苏联。他21岁参军，23岁从第一契卡洛夫军事航空飞行学校毕业后，驾驶过雅克-18、米格-15、米格-17、米格-21、伊尔-14等机型的飞机。加加林头脑清醒，技术全面，他的各种测验和考试成绩几乎都是优秀。1961年，他被选为前苏联第一位宇航员。

<124>

我们进入太空啦！

　　1961 年 4 月 12 日，这是人类历史上最伟大的一天。上午 9 时 7 分，加加林乘坐东方一号宇宙飞船从拜科努尔航天发射场起飞，在远地点为 301 千米的轨道上绕地球一周，历时 1 小时 48 分钟，于上午 10 时 55 分安全返回，降落在萨拉托夫州斯梅洛夫卡村地区，完成了人类首次载人宇宙飞行，实现了人类进入太空的愿望。

？ 考考你：

加加林的返航过程中有什么意外吗？

真相大白

　　加加林的返程并不那么顺利，他降落在莫斯科以南 800 千米的一片耕地中，与预计地点相差了 400 千米，正在田间工作的人们真的以为外星人来侵略地球了！

荣誉加身

　　加加林驾驶的东方一号飞船成为世界上第一个载人进入外层空间的航天器，共飞行 108 分钟。加加林也成为唯一一个在空中连升两级的少校。

　　完成了短暂的太空旅行后，加加林又获得了列宁勋章，并被授予"苏联英雄"和"苏联宇航员"的称号，并曾多次出国访问，有 22 个城市授予他荣誉市民称号。

< 125 >

❓ **考考你**：
加加林是怎么死的？

真相大白 ➤➤➤

1968 年 3 月 27 日，加加林和飞行教练员谢廖金在一次例行训练飞行中，驾驶米格 –15 歼击教练机飞行过程中突然与地面中断了联系，1 分钟后，飞机一头撞到地上。

事故委员会进行认真调查后，一致认为：

飞机的飞行准备工作完全没有问题。事故发生时，飞机在两层云带空域里飞行，看不见地平线。返航时，奉应从 70°航向向 320°航向下降转弯，后来一定发生了某种突发事件，使飞机处于临界状态。飞机飞出低层云，航迹倾斜角达到 70°～90°，飞机几乎是垂直俯冲下来。尽管加加林和谢廖金密切配合，但他们没有成功。

<126>

可是很多人都不相信年仅 34 岁的加加林真的牺牲了。

加加林死后，被安葬在克里姆林宫墙壁龛里，他的故乡格扎茨克被命名为"加加林城"。为纪念加加林首次进入太空的壮举，俄罗斯把每年的 4 月 12 日定为宇航节，国际航空联合会设立了加加林金奖章。加加林不仅在地球上被人们怀念，宇宙中也有他的足迹：月球背面的一座环形山就叫作加加林山，小行星 1772 也以他的名字命名。

2011 年 4 月 7 日，第 65 届联合国大会通过决议，宣布将每年的 4 月 12 日定为载人空间飞行国际日。

< 127 >

图书在版编目（CIP）数据

探寻沧海桑田的时代变革／崔钟雷主编. -- 北京：
知识出版社，2014.8
（超级疯狂阅读系列）
ISBN 978-7-5015-8161-0

Ⅰ. ①探… Ⅱ. ①崔… Ⅲ. ①战争史 – 世界 – 少儿读
物 Ⅳ. ①E19-49

中国版本图书馆 CIP 数据核字(2014)第 181213 号

超级疯狂阅读系列——探寻沧海桑田的时代变革

出 版 人	姜钦云	
责任编辑	易晓燕	
装帧设计	稻草人工作室	
出版发行	知识出版社	
地　　址	北京市西城区阜成门北大街 17 号	
邮　　编	100037	
电　　话	010-88390659	
印　　刷	北京一鑫印务有限责任公司	
开　　本	700mm×1000mm　1/16	
印　　张	8	
字　　数	80 千字	
版　　次	2014 年 8 月第 1 版	
印　　次	2020 年 2 月第 4 次印刷	
书　　号	ISBN 978-7-5015-8161-0	
定　　价	28.00 元	